出会って1分で相手の心をつかみなさい

人づき合いが上手になる話し方

清水克彦　文化放送 プロデューサー

かんき出版

はじめに

◆出会って一分で相手の心をつかむ

どうも、人づき合いがうまくできない。

なかなか、深い人間関係が作れない。

あの人はすぐに誰とでも仲良くなれるから得だ。その点私は……。

人は一生の間で、さまざまな人に出会う機会があります。しかし、せっかく人と出会う機会に恵まれたのに、それを活かせなくては、これほどもったいないことはありません。

とはいえ、たとえ本人が一生懸命にその人に近付こうと思っても、やり方を間違えれば全然効果はありません。それどころか逆効果を生むことも事実です。

しかもそのやり方は、学校や職場で誰かが教えてくれるものではありません。誰もが試行錯誤を繰り返しながら、自分なりのやり方を見つけていくしかないのです。そしてその方法が見つからず、大変苦労をし、損をしていらっしゃる方が大勢います。

そんな方たちのために少しでもお役に立てる方法を、本書ではご紹介します。それは、私のこれまでの経験から編み出した「人の心のつかみ方」「人に好かれる技術」です。

かくいう私は、これまで二〇数年にわたり、在京ラジオ局で政治記者やニュースキャスター、それに番組プロデューサーなどを務めてきました。何しろ人に会うのが商売のような仕事ですから、名刺交換をした人の数だけでも、政治家や財界人、それに文化人やスポーツ選手など、ざっと五〇〇〇人近くになります。

記者やキャスターの仕事は、取材対象者の本音を聞き出すのが仕事ですが、記者と言うだけで誰もが快く本音を話してくれるわけではありません。多少なりとも人間関係が築けている相手ならまだしも、初対面の相手の本音を聞き出すのは、本当に今でも骨が折れる作業です。

しかし結論から申しますと、一分あれば、初対面の相手でも、その人の心の中に飛び込むことができます。たった一分で信頼を得て、好感を持ってもらうことが可能なのです。そしてその人が、大きなチャンスを与えてくれたり、仕事以外でも生涯の友になってくれることが、実際にあり得るのです。

◆人間関係があなたの可能性を広げる

一分間で手に入れた人間関係が軽いものかというと、決してそんなことはありません。最初に良好な関係が築ければ、ほとんどの場合、それを永続的に維持することができるようになります。そしてこういった継続的な人間関係（＝人脈）が、あなたの可能性を大きく広げ、人生を豊かにしてくれます。

私は現在、プロデューサーという激務をこなしながら、大学講師や執筆活動などいくつものわらじを履いています。これら本業以外で得たチャンスは、実はみな、一分間で培った社外の人脈からもたらされたものです。

それだけ、人とのコミュニケーションは人生においてさまざまな広がりを生むものなのです。そしてこのことは、マスメディアの世界に限らず、ビジネスでも地域社会の近所づき合いでも同じことが言えるでしょう。

◆今日からあなたも、コミュニケーションの達人に！

人づき合いが上手になる……。一分で人間関係を作れる……。人に好かれる……。

そのための方法はいくつかありますが、何よりも効果が高く、即効性もあるのは、コミュニケーションの技術です。これまでの話し方を少し変えたり、言葉遣いに少し工夫を加えるだけで、あなたはグッと「愛されキャラ」に変わるのです。

本書『出会って1分で相手の心をつかみなさい』の中で、私はこのようなことをお伝えしていきたいと考えています。

今の時代は、上手に自分を売り込んだ人だけが成功する時代です。かつてのように学歴や企業名があまり意味を持たなくなってきている反面、古くから美徳とされてきた「謙虚さ」や「遠慮」が、大きな損になる時代になっています。

そんな社会で生き抜いていくあなたにとって、本書が、これまでの話し方を変え、これからの人生を好転させる人脈作りに役立てば幸いです。

二〇〇七年春　　清水克彦

目次

目次

第1章

好かれたいなら、好きになれ！

人づき合いは、まず「与える」ことからはじめる

第2章

人に好かれる人の話し方

何をどう話すかで、あなたの好感度が決まる

第3章

言葉一つ、聞き方一つで好感度はぐっとアップする

人から信頼を得るためのポイント

第4章

出会って1分で相手の心をつかみなさい

あっという間に人脈を増やせる出会いのノウハウ

第5章

人は見た目で好き嫌いを決める

外見やしぐさで信頼を勝ち取るポイント

第6章 いつの間にか人とチャンスが集まってくる人の習慣

考え方一つ、気持ち一つで、どんどん味方が増える

○装丁——渡辺弘之デザイン事務所
○DTP——葉月社

序章

人に好かれることに勝るスキルはない

人間関係がうまくいけば、何でもできる!

1 どんな知識や実績も「人間関係」には勝てない

「今の世の中、『負け組』にならないためには、新しいスキルを身につけないと」

「仕事でもっと評価されるには、まず自分の内面を磨かなくては……」

仕事や人生でどうもうまくいかないとき、このように考える人がたくさんいます。

ご存じのとおり現代は格差社会です。世の中は、ごく一部の「勝ち組」と大勢の「負け組」に二分され、いったん「負け組」に入るとなかなか抜け出せません。そればかりか年収の格差は、自分の生活のみならず子どもの学力にまで影響を与えてしまう、なんとも嫌なご時世です。

でも、「嫌なご時世だ」と嘆いたところで、あなたの人生に光が差すわけでもありません。自分の人生は、自分で切り開く必要があります。だからこそ「語学や資格取得に力を入れよう」「自分を内面から変えよう」と多くの人が考えるのです。この前向きな考え方は、とても大切なことだと思います。

しかし、ここで一つ覚えておくべきことがあります。仕事のスキルを磨く、語学を習得する……。これらは確かにその人の人生を好転させる可能性を秘めていますが、その効果が表に出てくるまでには相当な時間がかかるということです。

まず、資格を取得したり語学をマスターするには、かなりの時間を要します。早くても数カ月、本格的な勉強になると数年以上かかります。もちろん、それに伴って費用も膨大なものになります。

もっと注意すべきこともあります。たとえどんなスキルを身につけても、どんなに難関な資格を取得しても、それがあなたに富とチャンスをもたらすとは限らないということです。たとえば、会話学校に通いつめて外国語を習得したり、やっとの思いで資格をとっても、配置換えや転勤によって、今の職場や今後の仕事にまったく必要のないものになるというケースも考えられます。あるいは、自分よりもっと語学が堪能な人材が入社しただけで、あなたの努力が無駄になることだってあります。

独立できる資格についても同じことです。たとえ弁護士資格を取得して、あなたが他のどんな法律事務所にも負けない実務能力を備えたとしても、クライアントがつかなければそれまでです。

資格やスキルは、あなたの人生を好転させる可能性を大いに秘めているのですが、その習得には時間もお金もかかり、しかもその効果が発揮されるまでには、さらに時間がかかるのが難点です。最悪の場合、宝の持ち腐れとなることもあり得るのです。

これではあまりに遠回りで、人生を変える特効薬とは言えないのではないでしょうか？

時間とお金をあまりかけることなく、これからの人生を、もっと手っ取り早く、確実に好転させる手段はないものでしょうか？

ここで発想を変えてみましょう。あなたの実績や能力や資格は誰が評価するのでしょうか。答えは「人」です。あなた以外の誰かです。少し乱暴に言えば、人がすることのほとんどは、誰かに認められるために、誰かの役に立つためにやっているようなものなのです。

ということは、たとえあなたがどんなに優秀であっても、知識や実績があっても、人づき合いが下手であったり、人間関係がうまくいっていなければ、やることなすこと、すべてうまくいかない恐れもあるということです。なんとも無情な話です。

ただ、逆に考えるとこうも言えるでしょう。

「人間関係、人づき合いさえうまくいけば、人生だいたいのことはうまくいく」

私が現在、プロデューサーという本業のかたわら、大学講師や執筆活動などいくつもわらじを履いていられるのも、「人づき合い」の賜物です。それだけ人とのコミュニケーションは人生においてさまざまな広がりを生むのです。

これはマスメディアの世界に限らず、他のビジネスでも地域の近所づき合いでも同じです。知識、能力、技術、資格、そういったことももちろん大事ですが、「人と上手につき合える」「人に好かれる」といった対人スキルがないと、それらは効果を発揮できず、チャンスもメリットも生み出さない恐れがあるのです。

そして、人に好かれる人、人脈のある人は、その人の足りない知識、能力、技術といったことを、誰かに補ってもらうことも可能なのです。

これこそ、人生を手っ取り早く好転させる手段です。人に好かれる技術、と言っても良いでしょう。これさえ身につければ、世の中、たいていのことはうまくいくのです。

Point

あなたの実力は、あなたの人間関係しだい。

2 人生の成功は「引き」で決まる

人生を好転させるには何が必要か？　一つだけ挙げるとすれば、私は人脈だと答えます。

会社員でいえば、人事や査定で評価してくれる上司。何かと知恵を貸してくれる同僚。そして、売り上げに貢献してくれるお得意さまや、数々の情報をもたらしてくれる取引先といった社外の人たちです。ビジネスの世界で成功するには、「一引き・二運・三力」が必要だと言われます。成功するには運や実力もある程度は必要ですが、「何より第三者に引っ張り上げてもらうことが大切」という意味です。

私が生きてきたマスメディアの世界を例にお話しすれば、同じように記者やプロデューサーの仕事をしていながら、敏腕記者、名プロデューサーと呼ばれる人とそうでない人が出てきます。その差は人脈にあります。

他局にいる知人で、周囲から（あいつはデキる）と見られている記者やプロデューサーは、みな「究極の人たらし」であり、彼らには、大物政治家やタレント、そして著名な文化人の心にぐっと食い込んでいるという共通項があります。

それだけではありません。デキる人ほど、放送局に出入りするプロダクション関係者をはじめ、下請けの制作会社の派遣社員からアルバイトの大学生にいたるまで、極めて良好な人間関係を形成しています。大物政治家や著名人にだけ食い込むというのなら、いかにも打算的ですが、それだけではないところが彼らの偉いところです。

彼らは、人脈の多さや人望の厚さが評価され、社内で出世が早いばかりか、社外でも、執筆、講演、大学の客員教授といったチャンスを得ていきます。

そうなると、本業以外のことでさらに忙殺されることになりますが、そんな彼らを、下請けの制作会社の派遣社員やアルバイト学生が「残りの仕事は私たちがやっておきますよ」とサポートしたりするのです。人の心を掌握しておくことをあなどってはいけません。

Point

人脈には上も下もない。

3 人づき合いのスキルは、今日からすぐに効く

人脈を広げたい。

人づき合いが上手になりたい。

みんなに必要とされる人間になりたい。

そのために必要なことはいろいろありますが、もっとも効果的で、かつ即効性が高いのは、「話し方」です。人間の意思の疎通は言葉を介して行われますから、その言葉の使い方によって相手に与える印象がほぼ決まります。話し方がまずければ、たとえどんなにすばらしい話をしても、相手はあなたに良い印象を持ちません。一方で、ほんの些細なことであっても、うまく話せば、相手はあなたに好意を抱いてくれます。

また、「見た目」も欠かせません。これは何も、顔が良いとかスマートで背が高いという話ではありません。笑顔を絶やさない人といつも暗い表情の人、パリッと着こなしている人とヨレヨレの服を着ている人、悠然と構えている人といつも浮き足立ってしまう人、

あなたならどちらと仲良くなりたいですか？　いずれも、前者ではないでしょうか。

このように「話し方」や「見た目」は、人に好かれるための必須のスキルです。もちろん、この他にもいろいろな要素がありますが、まずはこの二点がなっていないことには、人に好かれ、人脈を増やし、人生を好転させることはできません。

そして、ここが大事なところなのですが、これら「話し方」や「見た目」を良くする方法は、語学を習得したり難関資格を取得するよりも、圧倒的に短期間に、しかも容易に身につけることができるのです。

しかも効果は絶大で、即効性も抜群です。今日学んだことが今日からすぐに役に立ちます。一度身につければ一生朽ちることのないスキルです。ぜひみなさんにも、人に好かれるスキルを身につけていただき、人生をより良いものにしていただきたいと思います。

Point

話し方一つで人間関係が広がる、深まる。

第１章

好かれたいなら、
好きになれ！

人づき合いは、まず「与える」ことからはじめる

1 相手を好きになると、相手もあなたを好きになる

相手の心をつかむには、相手を好きになることがもっとも近道です。これを、心理学で「好意の互恵性」あるいは「好意の返報性」といいます。文字どおり、人は、自分を好きになってくれた人を好きになるということです。

確かに、自分に良くしてくれる人を悪くは思えないものです。それどころか、自分もできる限り相手に良くしてあげようと思ったりします。

人は、相手と好き嫌いの度合について自然にバランスをとろうとします。自分を好きになってくれた人には好意を抱き、その好意に応えようと相手を好きになります。

したがって、相手の心に飛び込み、気持ちをがっちりつかむには、「まず自分から相手に好感を持つこと」が、もっとも効果的な方法ということになります。

心理学者のデニス・リーガン博士が行った面白い実験をご紹介しましょう。これは、美術鑑賞を名目に、「好意の返報性」について行った実験です。

1 案内役の担当者が引率した団体が美術鑑賞に出かける。美術鑑賞の合間に、Aというグループには担当者が飲み物を差し入れ、Bというグループには差し入れはなく、担当者だけが飲み物を飲んだ。
2 美術鑑賞の後、美術とはまったく関係なく、担当者がAとBのグループ全員に、「宝くじを買わないか？」と持ちかける。
3 そうすると、担当者によって飲み物が差し入れられたAグループのほうが、Bグループよりも二倍近く宝くじを購入した。

これは、飲み物を差し入れてもらったことで抱いた担当者への好意が、そのまま、宝くじ購入という行動に結びついたということを意味しています。「好意の返報性」が見事に立証された実験です。

実はこの実験にはもう一つポイントがあります。差し入れをしてもらったAグループのメンバーに担当者に対する印象を聞いたところ、さすがに全員が好意を持つまでには至りませんでした。しかし、担当者に特別に好印象を持たなかった人も、しっかり宝くじは購入していたのです。この人たちは別に宝くじを買いたいと思っていたのではありません。担当者が差し入れをしてくれた行為に対し、その人が勧める宝くじを買うことでお返しをしたかったのです。

この実験結果は、「好意の返報性」が持つ影響力を端的に表すものですが、この法則は、一般社会での人間関係、特に好き嫌いの関係にそのまま当てはまるものとして注目してほしいと思います。

あなたが相手に好意を抱けば、相手もあなたに良い印象を持ちます。相手が上司であっても部下であっても、そして取引先であっても、原則は同じです。相手を認めてあげれば、相手もあなたを評価し、その期待に応えようとするようになります。

三〇歳の若さでコーヒーチェーンのタリーズコーヒージャパンを設立した松田公太会長は、銀行勤めから転身し成功しました。彼はその最大の理由について、

「取引相手に惚れ込む情熱を惜しまなかったこと」

と語っています。相手を好きになることは、あなたの味方を増やすことを意味します。だから成功するのです。

逆に、自分のことを嫌っていると感じる相手には嫌悪感を覚えるものです。自分が相手

を嫌えば、当然、その気持ちは相手にも何となく伝わりますから、相手もあなたを嫌いになります。これを「嫌悪の返報性」といいますが、相手を陰で批判していれば、確実に相手もあなたを評価しなくなります。

もしあなたが今までの自分を、まず人間関係から変えたいというのであれば、よほど苦手な人を除いて、基本的には相手を好きになり、その人の良い点を見つけて評価してあげることが大切です。

ちなみに、ある異性を愛せば相手もあなたを愛してくれるのかというと、残念ながらそうでもありません。異性の場合、すでに意中の人や配偶者がいる場合がありますし、異性の場合は「好意の返報性」より「嫌悪の返報性」のほうが強いとされているからです。

それでも、「好き」と言われて嫌な気分になるケースはあまりないはずです。

Point

相手を好きになれば、人間関係がうまくいく。

2 自分の個人情報をオープンにして共通点を探せ

人は、自分に似たところがある人間には親近感を抱くものです。親近感は、良好な人間関係を築くうえで重要な役割を果たします。

しかも、親近感は「つき合って何年も経て、初めて醸成される」といったものではありません。それこそ、出会って一分で生まれることだってあるのです。

私が実践してきた中で、相手とのコミュニケーションを円滑にし、親近感が生まれやすいと実感した方法の一つが、相手との共通点を見つけるということです。

相手と仲良くなりたい、継続的におつき合いしたいと願うのであれば、何でも構いませんから共通点を見つけることをおすすめします。

では、どうやって見つければいいのか。当たり前のことですが、共通点を見つけようとするあまり、初対面で矢継ぎ早に相手から個人情報を仕入れようとしてもうまくいきません。

それは恋愛で異性と仲良くなりたいときに、

「趣味は何？　好きな食べ物は？」

「土日とか何してるの？　映画？　スポーツ観戦とか？」

などと、必死に相手から情報を聞き出そうとしているのと同じです。まだまだ警戒心が解けない相手からは、多くは引き出せないものです。


ですから、まずは自分の個人情報から開示するのが作法です。相手から無理やり聞き出すようなことはせず、あなたのほうから、いくつか引っ掛かりそうな話題を振ってみるのです。営業トークの合間に、あるいは、商談の前後などに、趣味や凝っていること、好きなスポーツ、食べ物、最近の面白い体験などを、それとなく相手に投げかけてみるといいでしょう。

・同じ横浜市に住んでいる
・子どもの学年が同じ
・福岡ソフトバンクホークスのファン
・犬を飼っている

・海外旅行が趣味
・なかなかタバコを止められない
・etc

あなた側からいくつか個人情報を提供しているうちに、何か一つくらいは、相手が乗ってくる話題が見つかるものです。
それが共通点のヒントです。この突破口が見えれば、相手はあなたに親近感を覚え、仲良くなりたいと思ってくれるようになります。

Point

共通点が見つかれば、仕事を忘れて盛り上がれる。

3 相手が大物でも本音でぶつかれ！

相手が年長者や成功者であった場合、通り一遍の自己紹介ではなく本音でぶつかることをおすすめします。

年長者や成功者とおつき合いが深まれば、そのキャリアから多くのことを学べますし、あなたを成功へと導いてくれる「引き」が生まれる可能性も高くなります。だからぜひとも、彼らとは良好な人間関係を築きたいものです。

しかし、相手は日頃からあなたのような人とたくさん出会っているわけですから、その中で特に記憶に残る存在にならなければなりません。

よくある失敗が、（相手をいい気分にさせなければ）と、自分でも気付かないうちに、ご機嫌を取る会話だけをしてしまうことです。これでは、彼らの心にあなたの印象は残りません。

まず臆さないこと。そして本音でぶつかること。この二点が肝心です。

私の場合、インタビューの相手がいくらVIPであっても、インタビューする記者と相手は対等と考えて、日々の取材活動をするようにしています。このことを忘れ、相手の地位や名声に臆してしまうと、インタビューの内容は、相手の顔色をうかがい、持ち上げるだけになってしまいます。

一方、大臣や大企業のトップといったVIPも、周りからおだてられたり、上手を言われることに慣れていますから、私たちがちょうちん持ちをしたところで、（また、私に迎合しおって）くらいにしか思ってくれません。

これでは、私は彼らの記憶の中で、その他大勢の記者と同じ扱い（ラジオ記者なので、心無い人によってはテレビ記者や新聞記者より下の扱い）になってしまいます。

かく言う私にも苦い経験があります。

私の名刺入れには、「小泉純一郎」という名刺が四枚、「安倍晋三」という名刺が三枚あります。なぜ何枚もあるのかというと、私が初対面で彼らに自分を印象付けられなかったからです。そのために、小泉前総理や安倍総理の記憶に残らず、何度取材に行っても、その度に、相手は初対面だと思い、

「いやいやどうも、初めまして」

と名刺を出してきたというわけです。この名刺の数は、過去の失敗を象徴するものなのです。

私の知っている在京の某テレビ局のプロデューサーは、相手が誰であろうと取材のスタンスはまったく変わりません。

「最近、自民党はダメですね。特にあなたの所属する派閥が良くないと思います」

「このところ、御社の車はリコールが多いですね。我が家の車も御社製なので困ります」

などと、初対面でも決して相手におもねることなくものを言います。

このプロデューサーの姿勢や、過去の私の失敗経験も踏まえ、私もできる限り、どんな相手でも本音でぶつかることを心がけています。

またどんな大物でも、本音で迫れば、本音で答えてくれるものです。

自民党の山崎拓前副総裁と初めて一対一で会ったときのことです。私はインタビューが終わろうとする頃、普段から感じていたこんな疑問をぶつけてみました。

「山崎さんって、どうして人前でしゃべる練習をされないのですか？　加藤紘一さんや小泉純一郎さんに比べれば、会見や演説でかなりイメージを落としていると思いますが」

一瞬（怒るかな？）と不安もよぎりましたが、山崎氏は家族の話も交え、笑顔でこう返してきたのです。

「私のどんな部分がよくないかね？　できれば細かく教えてほしい。私は娘から、『お父さんはお父さんらしく話せばいいよ』と言われているんだが、それじゃあダメかね？」

また、不遜にも連合の高木剛会長を一喝したこともあります。高木氏が、私が勤務する放送局でラジオ番組を始めたとき、担当ディレクターだった私は、初対面での収録で、

「そんな気持ちが入っていないしゃべりでは聴取者に何も伝わりませんよ」

と録音のやり直しを命じたのです。

「じゃあ、うまくなるように厳しく指導してください。勉強しますよ」

高木氏もまた心の広い方で、私の一喝を熱意と受け取っていただけたようでした。

今考えれば、（あまりに直接的なことを言い過ぎたかな？）と思いますが、山崎氏にしても高木氏にしても、こちらから下手に出ず、思ったことをぶつけてみたことで、初対面から打ち解けることができ、信頼関係を築くことができたのだと思います。

私の知人で、ある大手不動産会社でトップクラスの営業成績を上げ続けている営業マンがいますが、彼も、次の三点を常に心に刻み付けていると言います。

・顧客側に問題点があればズバリ指摘する
・たとえ売り上げが伸びなくても、必要以上にお客さまに媚びない
・それで怒るような相手なら、自分の人脈にする価値はない

これを守り続けることで、トップの売り上げを達成しているのです。本音のトークが信頼を生む何よりの証拠だと私は考えます。

そしてこのことは、何もビジネスの世界の話だけではなく、人間関係全般にも言えることだと思います。

Point

本音のトークが相手との距離を近くする。

4 鶴の恩返しは、現代社会でも生きている

「本を出したから、番組で宣伝してほしいんだけど」

「新聞社を辞めてフリーになったから、どこかで使ってくれない？」

番組プロデューサーをしていると、一年に何度もこのような依頼を受けます。私は、相手が無名の方でも、あまりに適切でないお願いを除いて、その多くに応えてきました。

別に先に恩を売ろうという魂胆ではありません。著書を発売すれば一冊でも多くの人に届いてほしいというのが人情であり、フリーになったのなら「安定収入を得たい」「取材の成果を発表できる場を持ちたい」と考えるのも当然だと思ったからです。

それに、本を出せるというのは、その分野でかなりの知識とキャリアがある証拠です。フリーになるというのも、ジャーナリストとしての実力と自信が備わっているからにほかなりません。だから依頼を快く受けてきたのです。

政治記者時代も、与野党の一年生議員や毎回選挙で苦労する衆参両院の議員から頼ま

れ、何度となくニュース番組でインタビューに行ったり、朝のニュースワイド番組にゲストとして迎えてきました。

「もうちょっと大物政治家をブッキングしたほうがいいんじゃないのか?」

「誰?　その○○代議士って。聞いたことがないなあ」

当時の番組プロデューサーや上司には、(なんで?)という視線を向けられたこともたびたびありました。

民放局である以上、テレビ、ラジオを問わず、視聴率や聴取率の獲得は絶対条件です。大物でも話題の人でもない議員を番組に呼んだら、数字を下げる危険性があります。

それでも私は、(この議員はデキる。なかなかの論客だ)と思えば、新人だろうと知名度が低かろうと構わず出演してもらってきました。

どのケースも、私なりに本人たちの実力を分析し、また彼らの置かれている立場を理解し、出演を承諾してきました。つまり、理で考え、情で決断してきたわけです。

そうしたことを繰り返していると、数年後、大きな変化が私の周辺に表れてきました。

「本を宣伝して!」と頼みこんできた人物は、その後、ヒット作を生み続け、テレビのコメンテーターでも有名な存在になりました。新聞社を辞めフリーになった人物も、週刊誌では引っ張りだこの気鋭のジャーナリストに変身しました。

また、番組を通じて仲良くなった与野党の議員は、その後当選回数を重ね、自民党のある議員は大臣や副大臣に、また野党の議員は県知事へと転身しました。

その結果、他のディレクターや記者が声をかけたのでは二の足を踏むけれど、私が声をかければ出演してくれるという政治家や文化人が増えてきたのです。

彼らからもたらされる情報や知恵、そして彼らが持っている人脈が、総選挙後の特別番組や年末の報道スペシャル番組で何度となく私を救ってくれました。それだけではなく、私に講演依頼や大学講師の話が次々と舞い込んでくるのも、まだ売れていない時代から、彼らと真っ先に接してきたからこそだと思います。

これは、一般企業の取引先とのつき合い方にもあてはまる重要なことです。相手が今は係長でも、五年後、一〇年後には、決裁権を持つ部長になっているかもしれません。とっておきの情報を、あなたにだけ流してくれるようになるかもしれません。

誤解のないように補足しておきますが、なにも将来の見返りを期待して、打算的につき合えと言っているのではありません。（この人はなかなかいいな）（助けてあげたいな）と思えば、まず、あなたのほうから何度でも力を貸してあげましょうと言いたいのです。

今はヒラ社員でも助ける。いい人材だと感じたら支援する。お願いごともできる限り聞いてあげる。そうすれば、いつか彼らは強力なあなたの味方になってくれるはずです。

また、そういった人たちとは仕事を離れて会食することも大事です。もっとも、仕事の打ち合わせでない限り、飲み代は経費で落とせません。時間も費やすことになりますし、帰りはタクシー代がかかったりします。

それでも、そういう目先のマイナス面を考えず、自分の会社以外の人と親交を深めておけば、きっと役立つときが来ます。

相手のために気持ちよく三連敗だってできるようになれば、それが四連勝になってあなたに返ってくることになるでしょう。

Point

相手のために気持ちよく三連敗してみよう。

5 合わない相手でも尊敬できる部分を見つける

先ほど、「好意の返報性」と「嫌悪の返報性」の話をしました。そうはいっても、「どうしても彼だけは嫌い」「彼女だけは許せない」という人も周りにはいるものです。

嫌いな人を好きになる、許せない人を受け入れることは難しいことですが、誰しも自分にはない長所や魅力を持っているものです。できるだけ多くの人脈を築くには、たとえ嫌な相手でも彼らの中に尊敬できる部分を探して、そこを評価することをおすすめします。

無能だと思っていた後輩がパソコンの達人だった。

営業で売り上げがまったく上がらなかった同僚が二カ国語を話せた。

いつも怒鳴り散らす取引先の役員が、仕事を離れれば人情味溢れる好漢だった。

一度冷静に考えてみれば、誰にでも尊敬できる部分はあるはずです。それが見つかれば、とりあえず加点法でその人を見るようにしてみましょう。それだけで、その人との人間関係が大きく変わってくるはずです。

私もラジオ局で数多くの番組を担当してきましたが、正直なところ、（なんで私がこんな人間を支えなければいけないの？）と思ってしまうような、性格が悪く、話術が下手、頭の回転も鈍いというパーソナリティの担当をさせられたことが多々ありました。

若い頃は、面と向かってののしったりしたものですが、三〇代後半あたりから、次第に（この人の良い面を見てあげよう）（長所を生かそう）と思うようになりました。

そうすると人生が好転し始めたのです。あんなに嫌だと思っていた彼らが、私にいろいろなチャンスを持ってきてくれるようになったのです。

「今度、〇〇ホテルで出版関係者が集まる会があるんだけど、来ない？」

「私が主催する早朝勉強会で、教育問題について講演してくれない？」

「知り合いに〇〇大学の学部長がいるんだけど、紹介しようか？」

パーソナリティとして登場する文化人やタレントは、私が知らない多くの人脈を持っているものです。その人脈を、私にも分け与えてくれるようになったのです。

また、この人間関係の変化は、ほかにも良い影響をもたらしました。

まず何より、人間関係が円滑になったことで、私自身、その番組を担当することが嫌ではなくなりました。すると、番組のバロメーターである聴取率も少しずつ上向いてきました。

その結果、（清水君はしっかりやっているな）と社内の評価まで良くなってきたのです。すべてが好転し始めたのです。

たとえ相手が誰であろうと、嫌悪の感情からは何も生まれません。嫌な相手でもその人の良さを認めてあげることが、コミュニケーション上手への第一歩であり、成功への道でもあるのです。

Point

人間関係が良くなれば、チャンスも評価も得られる。

6

「この人！」と思える人には身銭を切れ

序章で、スキルや語学の習得と違い、コミュニケーションや人づき合いの技術にはお金がかからないと書きました。ただし、ここぞと言うときには自腹を切ることも必要です。

かつて週刊文春で鬼編集長とうたわれた雑誌編集者の花田紀凱《かずよし》さんは、私にこう語ったことがあります。

「この人ともっと近くなりたいと思えば、自分のお金で一回でいいから豪華にもてなすことです。そうすれば、相手は『この人は俺のためにかなりの額の身銭を切った』と、あなたを特別な目で見るようになります。これは、相手が大物政治家でもスポーツ選手でも、財界トップでも同じです」

なるほど、私自身をかえりみても、思い当たる節があります。たった一度でも私をもてなしてくれた相手のことは覚えているものです。そこで交わした言葉も、不思議と鮮明に記憶しているものです。

これは、もてなしてくれた「額」だけの問題ではありません。身銭を切ってくれたことがポイントです。もしそのお金が、自分の懐が痛まない接待費などのお金であれば、ここまで相手の記憶に残ることはないでしょう。

高級料亭や一流といわれるホテルで数万円の接待を受けても、相手がレジで、

「○○株式会社で領収書ください」

と言っているのを見ると、ビジネスだとわかってはいても興ざめすることがあります。

(この人とは生涯、近い存在でいたい……)、そう思うのであれば、投資だと思って、最初に数万円程度の身銭を切ることをためらってはいけません。

Point

身銭を切る覚悟は必ず相手に伝わる。

7 「今度飲みましょう」と誘われたら、すぐに予定を組む

人のご縁というのは、待っていてもなかなかやってきません。特に、意中の人とのご縁となれば尚更です。まごまごしていれば、目の前を通り過ぎてしまうだけでなく、誰かほかの人にとられてしまいます。

出会いや人脈は、積極的に自分から飛び込んで、欲する必要があるのです。えてして人間関係がうまく作れない人は、相手の懐に飛び込むのが下手です。そういう人は、たとえ面会するチャンスを得られても、うわべだけの薄っぺらな関係が続くことになります。

これを修正できなければ、これからの長い人生、大きな損をすることになります。就職や転職では面接官に強烈な印象を残せない、好きな異性がいてもハートを揺さぶることができない、取引先や上司などにとっても、あなたは「どうでもいい存在」のままです。

そうならないためには、目の前にいる相手の心に飛び込むことです。せっかく面会できたなら、そこからもう一歩踏み込んでみるのです。別に難しくはありません。ちょうどダ

イビングをするように、あなたから身を投げ出せばいいのです。

「はじめまして、○○商事の○○と申します。よろしくお願いします」

などと普通に名刺交換や挨拶を交わしているだけでは、相手の心はつかめません。第4章で詳しく述べますが、もっと自分をアピールして、あなたがどんな人間なのかを相手に植え付ける必要があります。その機会を、あなたから作っていく積極性も必要です。

たとえば、相手が社交辞令的に「今度、飲みに行きましょうよ」と声をかけてきた場合、「いいですね、今度、ぜひ」などと答えているだけでは人脈にはなりません。

誘いがあればその場で、「火曜日なら大丈夫です」と約束を取り付けるのです。そうすれば相手も、(この人は、本当に私とつき合っていきたいと思っているな)と理解してくれます。これが、相手の心をつかむ第一歩になるのです。

Point

次回のアポは「また今度」「そのうち」ではなく、日付を入れる。

8 自分を安売りしないための「八対二」の法則

自分を売り込むことは大切です。とはいえ、決して安売りしてはいけません。

誰しも、自分をいい人に見せたい、誰からも好かれたい、評価されたいと考えるものですが、相手の言いなりになっていては自分の商品価値を下げてしまいます。バナナのたたき売りなら威勢がよくて良いのですが、自分をたたき売っては大きな損をしてしまいます。

放送局の営業マンの中には、スポンサーからの広告費のダンピングに即座に応じたり、ＣＭを獲得したいばかりに、自動車、家電、携帯電話、食品など、先方の商品を自腹でことごとく買ってしまう人がいます。

そうすれば、スポンサーや仲介役である広告代理店のご機嫌が良くなると思ってのことでしょう。しかし、こういった安易な考えは、長い目で見れば大きなマイナスになります。

（こいつはうまく利用できる。こっちの言いなりになってくれる）

と、甘く見られてしまうだけです。

そこでおすすめしたいのが、「八対二」の法則です。これは、相手が言うことの八割程度には同調しても、二割については意見や反論をしてみるという私独自の法則です。

番組を作る立場の私は、来ていただいたゲストに対し、その話にすべて迎合することがないよう、今も「八対二」の法則を実践しています。

私は道路公団民営化反対、郵政民営化も大反対の、小泉前総理に言わせれば抵抗勢力の主力メンバーに入る人間です。しかし番組では公平な視点に立たなければならないので、賛成派の議員も数多くゲストに迎えてきました。そしてその度に「改革には賛成だし、改革への意欲も応援したくなりますが、この部分だけは理解できません」と彼らに伝えてきました。二割だけ、たとえ相手の意に沿わなくても、自分の見解を示したのです。

それでどうなったか。相手は怒って帰るどころか、私に一目置いてくれるようになりました。「選挙に出ない？」と誘ってきた議員もいるくらいです。

その相手と仲良くなりたいからといって、一から一〇まで相手に合わせる必要などまったくありません。疑問に思ったり、（違うな）と感じたら率直に意見を述べてみることが、自分を安く見られないコツです。

これは、相手が外部の人間ではなく上司の場合でも同じです。入社して数年のうちは、さすがに「石の上にも三年」で、指示どおり動いたほうが賢明でしょう。好きではない仕事も修行のうちです。しかし、五年、一〇年と経過し、自分の専門分野や得意分野ができてきた人なら、何も上司からの命令すべてにイエスマンになる必要はありません。

すべての上司が、あなたのことを理解して考えてくれているとは限りません。人がいないから、考えるのが面倒だから、あなたが扱いやすそうだからといった理由で、専門領域以外の仕事や上司自身がやるべき雑用まで押し付けてくるケースがあります。

上司には評価されたほうが絶対に得なのですが、すべて安請け合いしていては、上司にとってあなたは、「お人好しの便利屋さん」に成り下がってしまいます。

ここでも、自分が正しいと思う一〇のうち二つくらいは、キチンと意思表示する勇気が必要になります。もっとも、ただ「嫌です」だけでは、相手の感情を害してしまいます。

「別の仕事がたてこんでおります。そちらに全力投球させていただけませんか」

「その企画であれば、私よりAさんのほうが適任だと思います」

などと、ほかの仕事に熱心に取り組んでいることや、ほかに適任者がいることを理由に、上司の気分を害さないよう断ることがあってもいいと思います。

作家の堺屋太一さんには、通産省（現在の経済産業省）の官僚時代、万博の企画をめぐって上司とぶつかり、「辞表を書け」と迫られた武勇伝があります。

その堺屋氏はこう語っています。

「私の時代は自分の希望を通そうと頑張った。でも今は、組織からはみ出すことを恐れて希望を下げてしまう。これではあまりに寂しいですよね。組織に嫌われるのを怖がるようではたいしたことはできません」

相手が人事権を持つ上司だったり、親会社など、あなたより強い立場の取引先の場合、機嫌を取りたくなる気持ちはわかります。かといって、自分を必要以上に押し殺し、いつも下手に出ていると、主従のような関係が固定化される恐れもあるのです。

もちろん相手が誰であれ、あなたがミスや失敗を犯した場合は、謙虚に認めて謝罪し、次善の策を考えるといった素直さを忘れてはいけません。

Point

あなたの人生は、あなたが社長。安く売っては損をする。

第2章

人に好かれる人の話し方

何をどう話すかで、あなたの好感度が決まる

1 「話し方」が変われば人生が変わる

次のデータを見てください。

◆企業が重要視する能力（朝日新聞社調べ・二〇〇七年春の新卒者採用計画調査・一〇〇社対象・複数回答）

1位・コミュニケーション能力　七六社
2位・行動力　五六社
3位・熱意　四一社
4位・人柄　三三社
5位・責任感　一九社

このデータは、企業が学生のどこに着目して採用しているかを端的に示すものですが、これを見ると、企業は、大学の難易度や語学力ではなく、個々のコミュニケーション能力をもっとも重要視していることがはっきりと見てとれます。

そしてこのことは、企業の採用だけに限った話ではないでしょう。人は誰しも、一人では生きていくことができません。会社では上司や同僚、家では家族や友達と、常に関わりながら生きていくのです。そしてその関わり方の良し悪し、つまりコミュニケーションの良し悪しが、人生を大きく左右するのです。

そしてもしあなたが（人とのコミュニケーションがうまくいかない）（人脈も多いほうではない）と考えているなら、その主な原因はあなたの「話し方」にあります。どんなにいい話をしても、どんなに熱心に話しても、話し方が悪ければ相手に伝わりません。

しかし、繰り返し述べているように、話し方は、今からすぐに変えることができるものです。本章では、人から愛される話し方のコツを、私の経験から紹介します。

Point

同じ能力の人でも、話し方が違うだけで、人の評価は大きく変わる。

2 組織の人間としてではなく、個人として話す

相手の心をつかむには、相手に（この人は面白い人だな）（もっと話を聞きたいな）（また会ってもいいかな）と思わせることが大事です。相手も日々、いろいろな人と出会っていますから、あなたの話が通り一遍だと、すぐに忘れ去られてしまいます。

ではどうすればいいのでしょうか。組織の人間としてだけではなく、個人として話せばいいのです。これで相手はかなり好印象を持ってくれます。例を挙げてみましょう。

○組織の人間として話す人

「弊社の商品はですね、この点が優れているんですよ」
「そうですか」
「弊社では、以前から新しい商品開発に力を入れておりまして……」
「なるほど」

「弊社のメンテナンス体制はしっかりしておりますし、いかがでしょうか」
「そうですねえ……」

○個人として話す人

「この商品は、私自身、使ってみてこの点が優れていると思います」
「そうですか」
「これまでの新商品の中でも、私は一番使いやすいと断言します」
「なるほど」
「アフターサービスは私が責任を持ってやらせていただきます」
「そうですねえ……」

前者よりも後者のほうが、確実に相手の心に浸透します。
中には、会社の一員として話したほうが信頼性が増すと考えている人もいますが、それは逆です。会社員や職員の立場で話せば、どうしても建前論になります。相手も、会社の名前は覚えてくれても、あなたの名前はすぐに忘れてしまいます。

私の知人で、抜群の売り上げを誇る自動車ディーラーの営業マンは、商談の際、個人の見解を明確に語ります。

「一年後にはモデルチェンジがあって、それがかなりいいクルマみたいですから、個人的には待たれたほうがいいと思います」

「他社に行かれると困るのですが、ご検討されている車種はちょっとエンジン音がうるさい気がしますね。もう一つ上のクラスか、排気量は小さくなりますが静粛性があるこちらのクルマはいかがでしょうか」

こういった話をすると、ひょっとしたらそのときは目の前のお客さんを逃がしてしまうかもしれません。でも長い目で見れば売り上げは確実に上昇の放物線を描くと彼は言います。

私も、社外の人間から番組とのタイアップや物品販売の協力を持ちかけられたときは、目先の会社の利益はとりあえず横に置いておいて、個人として話します。

「この番組は聴取率が良くない。タイアップするならこっちの番組のほうが得です」

「この番組は主婦狙いなので、ビジネスマン狙いという御社のスタンスとはターゲットが違うと思います」

こうはっきり伝えます。そのほうが相手から信頼され、中長期的には会社のためになるケースが多いからです。

また、ラジオ番組の場合、パーソナリティに局アナより社外の人間を起用したほうが、断然、面白くなります。局アナはどうしても（放送局という組織に所属している）という固定観念から逃れられず、ニュースに対するコメント一つとっても、無難な言い回ししかできません。これがタレントやフリーのアナウンサーなど社外の人間なら、個人の見解を示せますから、その分、反発も受けますが、聴いている人の心をとらえ、聴取率がアップするケースが多いのです。

ビジネスであれ番組であれ、コミュニケーションの基本は「個」です。相手の心をつかむのは、あなたが所属している会社名や商品以前に、あなたという個人だと思います。

Point

個人として話せば、相手も個人として話してくる。

3 自慢話は禁物だが、能力はきちんと示す

「弊社にはたいした力はありませんから」

「私などはほんの駆け出しで、どれほどのお力になれますか……」

謙遜したほうがよかれと思い、このような話し方をする人がいますが、あまりに控えめな話し方をしていれば、相手は（この人とつき合って大丈夫かな？）と不安になります。

何も見栄を張ったり自慢をする必要はありませんが、会話によって相手から信頼を勝ち得るためには、それなりの情報を伝える必要があります。人はメリットに対して敏感です。取材先や取引先にうかがうと、露骨に（この人は私に何をしてくれるんだろう？）（わが社にとってどうプラスになるんだろう？）という顔をする人もいます。無理もありません。特に初対面の相手だと、そう思うのは当たり前です。

そのようなときは、まず自分の能力を示します。たとえば私は、初対面の大物政治家に面会したときは、次のような点を強調します。

○番組は関東甲信越地方で三〇〇〇万人を超える聴取人口がいる
○聴取率が一％でも三〇万人の前で演説しているのと同じ効果がある
○これまでに、この番組には歴代の総理経験者も出演してくれた
○私自身、政治記者歴が一四年ほどある
○録音したインタビューを使用した場合、すぐに番組の同録テープを持参する

つまり、「影響力」「効果」「過去の実績」「自分の経験」「対応の早さ」の五点をアピールするのです。これは、飛び込み営業などでもしばしば用いられる手法です。

また、あなた自身に「コンサルティングをした会社は売り上げが三倍になった」「こんな資格を持っている」など特筆すべきことがあれば、それをさりげなく盛り込む手もあります。これらは自慢話ではありません。相手に「頼りになりますよ」「安心して任せてください」という思いを伝えるために、あなたやあなたの会社の能力を開示することは必要なのです。相手が（この人は力がある）と感じてくれたら、次第に対応も変わってきます。

それではあまりに相手の心が見え見えで嫌だ、などと思わず、（誰だって最初は自分を

知らないので警戒する。それが解けてきたのだ）と考え、自分の能力はさりげなく、でもキチンと伝えるようにしましょう。そうすれば、最初はビジネスライクでも、徐々に信頼を勝ち取っていき、やがて個人と個人の交遊を深めていくことも可能になります。

ビジネス上の人脈と友人は似て異なります。相手が仕事に関係ない友人なら、あなたやあなたの会社の弱さを語っても大丈夫ですが、人脈とは笑顔の下に鎧《よろい》を着ているような間柄です。軽口を叩き合うまでに仲良くなれたとしても、時に利害が絡む関係となります。

ましてや相手が初対面、あるいは出会って間もない人物となると、いきなり弱気を見せるのは禁物です。まずはあなたやあなたの所属する組織を大きく見せる努力をする必要があります。キャリアに裏付けられた自信、そしてフットワークの軽さなど、あなたが信用するに足る人物であることをアピールしましょう。

Point

先に能力を示せ！　そのうち、仕事抜きでもつき合えるようになる。

4 間を入れることで相手を引き込む

テレビやラジオのコメンテーターとして大活躍している日刊ゲンダイの二木啓孝《ふたつぎひろたか》氏。私がもっとも説得力のあるコメンテーターだと尊敬している一人です。

「私がある筋から得た情報では……」

「ある検察関係者から先日聞いたんですけど……」

といったフレーズが、コメントに説得力を与え、（この人は相当、この問題に食い込んでいるんだな）という気持ちにさせます。

これは二木氏が普段から、東京・永田町や霞が関界隈で政治家や官僚と会い、情報を仕込んでいるからにほかなりませんが、情報の見せ方も、視聴者や聴取者の興味をそそる巧さがあります。

情報をさまざまな角度から見せると、聞いている相手を飽きさせません。しばしば商談の場で、商品の機能しか力説しない営業マンや販売員がいますが、滑舌良く流暢《りゅうちょう》に説明してくれても、（そんなこと、パンフレットを読めばわかるよ）という気分になります。

何か伝えたいことがあるなら、単調な説明だけではなく、二木氏のように、いろいろな角度から情報を盛り込んでみてはいかがでしょうか。

「他社の同じような機器を使ってみたのですが、この部分が優れていると思います」

といった、実際にあなたが体験して得た情報。

「先日、お買い上げいただいたお客さまからはこんな感想を頂戴しました」

といった、消費者から得た情報。さらには、

「この間の日経新聞に、この商品に関する記事が出ていまして……」

といったマスメディアからの情報。

こういった情報を伝えることで、あなたの説明はぐっと説得力を増します。

二木氏の話にはもう一つ魅力があります。間の取り方が絶妙なのです。

「実はね……こんな話があるんですよ……」

と、「実はね……」で一〜二秒、間を取るのです。聞くほうは（どんな話かな?）と耳をそば立てます。そこまでは流して聞いている人でも、会話に参加したくなります。

「ところがですね……ここからが重要なんですが……先週……」

と、核心部分に入る前に間を置けば、相手はぐっと姿勢をあなたのほうに乗り出してきます。こうなると、あなたの話に集中している証拠です。その次にあなたが発する言葉が相手の心にスーッと入っていきます。しかも間は、相手に考えさせる効果もあります。

「さあ、お値段ですが……」

とくれば、（いくらだろう？　五〇〇〇円？　もっと高い？）と想像し、考えるはずです。

本人も知らないうちに、商品の良さを立て板に水のようにまくしたてる人がいますが、それはコンクリートに大量の放水をするようなもので、相手には染み込んでいきません。

いろんな角度から情報を伝えたり、間を置くことは、コミュニケーションという言葉のキャッチボールの中で相手を引き込む決め球、さしずめフォークやシンカーといった球種になります。ぜひこういった球種も、身につけておきましょう。

Point

言葉のキャッチボールは、野球の投球と同じで「緩急」が大切。

5 言い切ることで信頼度がアップする

会話で相手の心をつかむには、言い切る話し方も重要です。

その代表格が、イエスかノーをはっきり言うことです。イエス、ノーを明確にすることが、あなたをより知的に頼もしく見せる近道になります。逆に曖昧《あいまい》な語尾、お茶を濁すような話し方では、相手に嫌われます。（いったい、どっちなんだ）とイライラさせてしまうからです。

私は、三〇代で全国ネットのラジオニュース番組のキャスターになりましたが、その際、先輩キャスターから、こう教わりました。

「放送の要諦は言い切ること。そして、スタンスをはっきりさせること」

消費税引き上げ問題についてどう思うのか、教育改革には何が必要か、憲法改正について賛否はどうか。これらの問題に、

「……かもしれません」

「○○ではないかと思います」

といった曖昧なスタンスで話をしていると、聴取者は離れてしまうと言うのです。

確かに、放送で自分の見解を言い切ってしまうと、かなり苦情がきます。キャスター当時、私は道路公団民営化に大反対だったために、そのことを明言しましたが、社長室に「彼をクビにしろ」とまで電話をかけてきた聴取者もいました。

しかし、その一方で「よくぞ言ってくれた」と多くのメールも頂戴し、相殺すると、言い切ったことで私の株が上がったかなと感じています。

このことは、ラジオの世界以外でも同じでしょう。商談やプレゼンテーションの席でも、説明役のあなたが「この商品は売れる！」「この企画はヒットする！」と断言しなければ、聞いている側は不安を覚えます。

もちろん、言い切るには根拠が必要です。根拠のない言い切りは、単なる無責任です。

道路公団民営化に反対だった私は、もちろん自分なりに根拠を持っていました。民営化で高速道路の建設が凍結されれば、過疎の町では高齢者の緊急医療にこんな問題が生じるとか、すでに道路建設を見越して着工している各地のプロジェクトが中止になり、これだけの損害が出るとか。これらを数値で示すと、説得力はさらに高まります。

同様に、イエス、ノーを明確にしたり、「この商品は絶対にいい」「今が買い時」などと言い切るには、言い切るだけの裏付けを示すことが不可欠になります。

○客観的なデータ
○消費者や関係者の証言
○有識者、専門家の意見
○あなた自身の体験
○これまでの経験からくる分析

これらを組み合わせて自分の見解をピシッと示せば、あなたの話の説得力が増すことは間違いありません。そうすれば相手も、あなたとあなたの話を信頼するようになります。

以前、アメリカに留学しディベートの研究をしていた私は、アメリカ人の多くが、

「私はこう思います。その理由は三つあります」

といった話し方をしているのに気づきました。論理的な思考をするアメリカ人らしい話し方ですが、彼らも別に言い切った時点で、根拠となる三つを必ずしも考えているわけで

はないと知っておかしくなりました。

「その理由は三つ。第一に……」

と声高に語りながら、二つ目、三つ目を考えているのです。つまり、「私は○○です。その理由はAとBとC」という言い方をパターンとして持っているということになります。

この話し方を習慣にしておくと、常に論理的に話を組み立てられるようになりますし、聞き手である相手も、(理由は三つなんだな)(ポイントは二つなんだな)と、いつ、あなたの話が終わるのか気持ちの準備ができます。

この根拠の示し方は、一対一のコミュニケーションだけでなく、大勢の前でスピーチをするときなどにも有効で、集まった人たちに、(話が明快)(論理的で簡潔)といった好印象を植え付けることができます。

Point

信頼を得るには、言い切りと根拠をセットで話す。

6 細部にリアリティがあるほど、印象に残る話になる

「この間、栃木の那須高原へ行ってきたよ。のんびりできて楽しかったなあ」

「この間、栃木の那須高原へ行ってきたよ。遅咲きのサクラが綺麗でね、山がピンク色に染まっているんだよ」


この二つの話はどちらが印象に残るでしょうか。後者のほうが情景描写が豊かで、那須の美しい光景が目に浮かびます。話にリアリティがあります。


前者だと、相手は（ふーん）で終わってしまいますが、後者の場合、

「那須のどこに行ったの？」

「りんどう湖？　渓流釣り？　サファリパーク？」

と会話が弾んでいくことでしょう。


このリアリティが、円滑なコミュニケーションには必要なのです。相手があなたの話に耳を傾けてくれないと、二人の間で話は進みません。

初対面の相手の場合、あなたという存在をいかに相手の心の奥に記憶させるか、そして、相手の話にどのように耳を傾けるかが大事ですが、それと同じくらい、あなたの話し方に興味を持ってもらえるように工夫することも忘れないでください。

相手と会うのは二度目以上という場合は、もう自己紹介とか名刺交換は必要ありませんが、その代わりに、季節の話題、時事ネタ、最近あなたの身の回りで起きたこと、会社に来るまでに電車の中で見た光景などを、端的に、しかしリアリティを持たせて話すべきです。

そうすることで、あなたに返ってくる相手のレスポンスの質と量がグンとアップします。

「暖冬だったせいか、もう我が家の庭ではミツバツツジが咲いたんですよ。燃えるような赤で、私はここにいますよって存在感を示しているみたいです」

「最近、いじめ自殺が止まりませんね。娘の学校でもいじめは深刻みたいで、今度、父親を集めた会があるらしいんですよ。○○さんの息子さんのところはいかがですか？」

「こちらへ来る前に、電車の中で、小学生が携帯電話でずーっと話をしているのを見たんですよ。制服を見ると有名な○○附属小なんですよ……」

こうしてディテールまで拾い上げた情景を相手に伝えると、相手も自分の体験を連想し、話に乗りやすくなります。

しかも、このような話をしながら本題を切り出せば、和んだ状態で重要な案件の話に入ることができます。

私も、ラジオのワイド番組では、番組冒頭の一〜二分間にパーソナリティに何をどう語らせるかに頭を悩ませます。大学の講義でも、冒頭のつかみをどうするか、何から話せば学生に受けるかに腐心します。

冒頭で話すリアリティのある独自ネタが、番組や講義の内容以上に聴取者や学生とのコミュニケーションの潤滑油として大切だと、身に染みてわかっているからです。

Point

ディテールにこだわった話ほど、相手は食いついてくる。

7 お願いするときは、メリットだけではなく未来図を描かせる

人に何かをお願いしたい、そんなときにも、話し方にはコツがあります。

私は番組プロデューサーとして、単発のゲストではなく、レギュラーコメンテーターや継続しての出演をお願いする場合、言葉の端々に「出演するメリット」「出演したら、その先にどんな未来があるか」の二つのことを盛り込みます。

メリットについては、出演料が入ることだったり、レギュラー出演することで知名度がアップし、著書の宣伝などが可能になること、そして多くの聴取者に、自分の考えを存分に発信できることを盛り込みます。また、どんな未来があるかについては、講演が舞い込むことやテレビ局からも声がかかるようになるかもしれないことなどを挙げます。

番組のコンセプトだけ延々と説明しても出演していただけない場合がありますが、この二つを盛り込めば、物理的に難しい場合を除いて、だいたい出演がＯＫになります。

ビジネスでも同じです。商品の機能や企画の詳細だけを力説しても相手の心は動きませ

んが、メリットを強調して、未来図を描かせる工夫をすれば、局面を打開できます。

特に、相手の脳裏に未来図を描かせることは大切な要素です。

「この歯磨きを使い続ければ、歯が丈夫になります。お年寄りになっても自分の歯で食事ができますよ」

「この化粧品をご購入いただければ、五歳は若返って見えます。そうすると自分に自信がついて、行動範囲だって広がりますよ」

こう言われると、その歯磨きや化粧品を買ってみようかなと心が動きます。

使った後にやってくる楽しい未来。この人とだったらビジネスは成功するといった将来への確信。それらを相手の脳裏に描かせれば、あなたのお願いは聞き届けられるでしょう。

Point

現在のメリットだけでなく、未来のメリットも伝える。

8 雑談力が人間関係を深くする

コミュニケーションの重要な要素の一つが雑談です。本題とは関係のない脇道の話から相互の人間関係が深まり、結果的に本題にも良い影響を及ぼすということが多々あります。

たとえば、私にはガーデニングの趣味があります。これはプロ並みになるまで研究しました。鉢植えだけでなく花木についても調べ、簡単な造園もできるほどです。

もとはと言えば、癒しと体力維持を目的に始めた趣味だったのですが、これが思いがけず、私が担当する番組でコメンテーターを務めていただいた田中眞紀子元外務大臣とのコミュニケーションに生かされたのです。

眞紀子氏は政治に関する切れ味鋭いコメントで有名ですが、政治抜きでもポンポン会話が弾む雑談の天才です。料理やガーデニング、クラシックやお芝居に関する造詣が深く、さまざまなジャンルの話が飛び出してきます。

あるホテルのラウンジで、その眞紀子氏から季節の花の話題が飛び出しました。

「清水さんちにはカルミアの花が咲いているってファックスで見たけど、カルミアって西洋シャクナゲのこと？」

「そうですね、アメリカシャクナゲなんて呼ばれていますね。常緑の低木で、五月か六月になるとコンペイトウみたいな花がすずなりに咲く上品な花木ですよ」

この会話をきっかけに、私は眞紀子氏に一本のカルミアの木をプレゼントすることにしました。オスポレッドという鮮やかなピンク色の花が咲く種類を行きつけの園芸店で選び、東京・目白へと持参しました。

すると、眞紀子氏はさっそく植えてくれたらしく、別れて一時間ほど経ったあと、私の携帯電話が鳴りました。

「虫除けスプレーして、今、お水たっぷりやって植えたところよ」

「ちゃんと半日陰のところに植えました？」

「半日陰の場所にしたわ。来年が楽しみね。本当にありがとう」

こんな風に喜んでくれたのを覚えています。

大物政治家とラジオ局のプロデューサー。番組のことだけを考えるなら、政治の話で十分ですが、こうして本題とは別のところで話が弾めば、相手のこともよく理解できますし、自分のことも相手に伝えることができます。当然、その距離も近くなります。

こういった雑談力は、一夕一朝には身につかないものです。そこでおすすめしたいのが、常日頃から「複数の世界で生きる」ということです。

これまで述べてきたように、私は、ラジオ局のプロデューサー以外に、いくつものわらじを履いています。副業については会社によっては厳格に禁止されているところもあるでしょうし、そうでなくても人事部に睨まれる場合がありますから、単純に「何足もわらじを履きなさい」とは申し上げられません。

しかし、副業という手段以外に、あと一つか二つ、住む世界を持つと、あなたの中の何かが大きく変化してくることは間違いありません。早朝の異業種交流会、自己啓発セミナー、語学学校、スポーツクラブ、趣味のサークルなどなんでも結構です。本業以外に趣味を持つだけで話題は二倍、三倍に膨れ上がります。

そして、この蓄積された雑談力が、人と人との関係を深める上でこのうえない武器となるのです。

史記に、「桃李不言下自成蹊」（＝桃李もの言わざれども下おのづから蹊を成す）という、安倍総理大臣の母校、成蹊学園の校名の由来ともなった故事があります。

「美しい花や果実がある桃やすももの木には、自然と人が集まり小道（＝蹊）ができるが、それと同じように、徳がある人には、黙っていても、その人格を慕って人が集まってくる」という意味です。

まさにそのとおりで、人間を磨けば人は集まってきます。

それと同じく、話していて面白い人、話題が豊かな人のもとには自然と多くの人が集まってくるものです。雑談力を磨いて、相手のことを知り、あなたをもっと懐の深い人に見せられるようになれば、コミュニケーションはもっと楽しくなり、やがて人生も好転することと思います。

Point

雑談力で人が集まる。人が集まれば幸福も集まる。

9 礼儀の一線だけは必ず守る

相手の心をつかむには、ある面、人なつっこさが必要です。しかし、ここで気をつけたいのが、人なつっこさとなれなれしさは違うということです。

まだ完全にお互いを理解していないうちから、個人的な悩みを打ち明けたり、相手の私生活にずけずけと踏み込むのは禁物です。（なれなれしい奴だ）と不快感を持たれます。

テレビ局やラジオ局のように人に会うのが仕事といった職場では、初対面であるにもかかわらず、妙になれなれしい人がいます。ひどいケースになると、旧来の友人のような言葉遣いで話す記者やディレクターがいます。初対面か二度目の対面なのに、「はい」ではなく、「うん」などと相槌を打たれると、同じ業界にいる私ですら閉口してしまいます。

また、上司や同僚といった第三者に同行し、彼らの紹介で知り合った相手と、上司らを尻目にしゃべり過ぎてしまうのもマイナスです。

私の担当番組で、ゲストやコメンテーターと打ち合わせするのは主にプロデューサーである私とパーソナリティの役目ですが、スタッフの中には、私たちが彼らを田中眞紀子氏や福島瑞穂氏といった著名な政治家に紹介するやいなや、自分を売り込みたいのか、彼女たちと話ができたことを後で吹聴したいのか、延々としゃべり続ける人間がいます。

これでは、自分の立場を忘れ、場の空気を読めていないと批判されてもしかたありません。誰も何も言わなくても、ポイントを大きく下げてしまいます。

○人なつっこく迫ることはあっても、なれなれしくしてはダメ

○第三者に紹介してもらった場合などは特にしゃべり過ぎ、はしゃぎ過ぎは厳禁

もし相手に不快な顔をされたら、何が不快にさせたのか、冷静に考えてみてください。

Point

なぜ喜んでもらえたのか、なぜ嫌な顔をされたのかを考えよう。

10

声のトーンで自分を演出してみる

取引先の相手から声をかけられ、慌てて椅子から立ち上がるやいなや、甲高い声で、

「こんにちはー。いつもお世話になってまーす」

こう言って満面の作り笑顔で応対する営業マンをよく目にします。本人は気付いていないかもしれませんが、テンションを上げるあまり、声が上ずってしまっているのです。そうなると、その後どう取り繕っても、相手から軽く見られてしまいます。

私が取材や番組を通して見てきた政治家や起業家で、甲高く話す人は一人もいませんでした。それぞれの道で成功してきただけに、話し方は自信に満ち、たとえ三〇代であっても風格すら感じられたものです。

後で詳しく述べますが、声の質やトーンも、コミュニケーションの中では大きな要素になりますから、ないがしろにはできません。

私が知る中で比較的声が高い人に、自民党の山本一太参議院議員がいます。彼は声の

トーンをできる限り落とそうと努力している一人です。

「マイク乗りする声だし、特徴があっていいと思いますけど」

と私は言うのですが、本人は、

「いや、貫禄がなく聞こえちゃうんだよね。私は防衛庁長官だった中谷元衆議院議員と同い年なんだけど、地元の後援者がね、『声といい恰幅の良さといい、中谷先生のほうが年上に見える』って言うんだよね。僕も考えないとね」

と、かなり気にしているのです。

芸能人ならともかく、やはり政治家である以上、軽く見られてはマイナスになります。極端に言えば、(この人に任せておけば日本は大丈夫)といった、どっしり感があったほうがいいと山本氏は思っているのです。

実は、私も声が高めなのを気にしています。大学で教えるだけならいいのですが、キャスターやコメンテーターを務めるには、あまり良いことではありません。

キャスターやコメンテーターは、ニュース番組の「顔」です。アナウンサーではなく解説役ですから、信頼感や安定感といった要素が不可欠になります。そこで声が高いと、聴取者から(このキャスターはどっしり感がない。信頼できない)と思われてしまう恐れがあるのです。

私は三四歳で二年間、全国ネット番組のキャスターを務めた後、三九歳で再び返り咲きましたが、再登板したときには、意識して声を低めに出すことに努めることにしました。まず最初のひと言をゆっくりスタートしました。声もお腹から低く響かせるように心がけました。

聴取者に（この人、五〇歳くらいかな。冷静で信頼できる人だな）と思ってもらえるように、コメントする内容以上に、声のトーンとスピードには気を遣ったものです。

しかしこれは、キャスターだけではなく、他の業種にも共通することではないでしょうか。もともと声が高い人やハスキーな人はもちろん、取引先や会社の上司につい甲高い声で対応してしまうような人は、もっと声を抑え、早口を避け、軽々しく見られないように心がけなければなりません。

ただ、ここで気をつけたいのが、逆に地声が低い人、声に張りがない人です。

こういった人たちが声のトーンを下げて話せば、（テンションが低い人）（活力がない人）、場合によっては（暗い人）に見られてしまいます。こういう人たちは、心もちトーンを上げて話すことが求められます。暗く聞こえる声や、か細い声の人とは、電話で話す

だけで、

（自信がないのかな？　それともやる気がないのかな？　いずれにしても、この人と仕事するのはやめておこう）

ということになってしまいます。

声の質やトーンもコミュニケーションのうちです。それによって、あなたの持つ全体の雰囲気が相手に決定付けられるからです。

軽く見られたり暗く思われないためにも、ある程度は声の出し方に気配りしていくことが大切です。

Point

声ハンサム、声美人で自分をアピールしよう。

第3章

言葉一つ、聞き方一つで
好感度はぐっとアップする

人から信頼を得るためのポイント

1 人間関係は、三つの言葉さえ使えればなんとかなる

「『ありがとう』『お願いします』『すみません』。この三つの言葉を有効に使える人は選挙で勝てる」

これは、自民党のある幹部が、二〇〇五年九月の衆議院議員選挙に出馬した新人候補に選挙戦に勝つ秘訣として伝授した、シンプルかつ明瞭な作戦です。

事実、こうした教えを守り選挙戦を戦った八三人もの新人候補が、当時の小泉総理大臣人気も手伝って当選し、「小泉チルドレン」と呼ばれたのは記憶に新しいところです。

「ご声援、ありがとうございます」

「この地に骨を埋めるつもりですのでよろしくお願いします」

「いろいろと助けていただいてすみません」

なるほど、「ありがとう」「お願いします」「すみません」を使いこなせば何とかなりそうです。これは選挙だけでなく、会社生活も近所づき合いにおいてもです。

「ありがとう」は、言われた側も言った側も、心が温かくなる言葉です。

○頼んだコピーを早くやってくれた契約の派遣社員に「ありがとう」
○こちらの企画意図を理解し、出資を承諾してくれた相手に「ありがとうございます」
○多忙な合間に会ってくれた相手に「お忙しい中、ありがとうございます」

「お願いします」は、丁寧さと謙虚さ、それに前向きな態度も示せる便利な言葉です。

○初対面の相手に「これからもよろしくお願いします」
○慣れていない職場で「教えてください、お願いします」
○自分をアピールするときにも「私にやらせてください。お願いします」

「すみません」は、自分のミスを認め、相手の怒りを抑える効果が大きい言葉であると同時に、人柄の率直度合いを示す言葉でもあります。

○風邪で大事な会議での説明を上司に代わってもらい「すみません」
○売れると思っていた商品がいま一つ売れず「私の責任です、すみません」
○自分を引き立てるために尽力してくれた方に「いろいろとすみません」

社会人のマナーとしてオアシス言葉（＝お願いします・ありがとうございます・失礼します・すみません）が必要だと言われますが、年数を重ねると、「失礼します」はともかく、他の三つのシンプルなフレーズが不思議とスムーズに出てこなくなります。

何かをしてもらったのに気恥ずかしくて「ありがとう」が言えず、「この間はどうも」で済ませたり、誰かにものを頼むときも「お願いね」ではなく、偉そうに命令口調で「やっといて」「頼んだよ」になったりします。

それに、自分の非を認めたくなくて、「すみません」が出てこないどころか、仕事でミスをした際には「悪いのは俺じゃない」と開き直ったりします。

言うまでもなく、「ありがとう」「お願いします」「すみません」は、その人の感謝の気持ちや積極性、素直さや謙虚さが凝縮された言葉です。コミュニケーションの潤滑油的存在となる言葉です。

人づき合いを円滑にするには、何はさておき、この三つの言葉をきちんと相手に伝えられることと自覚して、本書を手にした今日から、自分を変えるきっかけにしてみてはいかがでしょうか。

クレームにも「ありがとう」。

年下にも「お願いします」。

自分だけのミスではなくても「すみません」。

こんな姿勢が保てるようになれば、（あの人はいいねえ）と「引き」が増えてきます。

あなたの（コミュニケーションから自分を変えたい）（これからの人生をもっと良くしたい）という願いは、半ば成功したようなものです。

Point

素直さが良好な人づき合いの基本。

2 人間関係を良くする潤滑油「ほめ言葉」をたくさん用意しておく

モチベーション研究の第一人者であるアメリカの心理学者、F・ハーズバーグ氏は、人間に満足感を与える要因と不満を与えてしまう要因を次のように分類しました。

○満足感を与える要因（動機づけ要因）

・達成感　・評価されること　・仕事の内容　・責任を持たされること
・昇進　・成長

○不満を与えてしまう要因（衛生要因）

・経営方針　・上司との人間関係　・作業条件　・賃金　・同僚との人間関係
・部下との人間関係　・地位　・雇用の安定

これを見ると、第三者からの評価や、第三者との人間関係が、人間の満足感や不満に大きな影響を与えることがわかります。

では、相手に満足感を覚えさせたり、評価されていると感じさせたり、人間関係がうまくいっていると思わせるには、どうすればいいのでしょうか。

手っ取り早い方法は、小さなことでも声に出してたくさんほめてあげることです。「よくやってくれた」とか「頑張りましたね」といった言葉でもいいのですが、できれば、もっと具体的にほめてあげるとか、ほめ言葉にバリエーションをもたせることが、人間関係をよくするコツです。

○同年代の相手や部下、後輩に有効なほめ言葉

・仕事が早い　・締め切りを守る　・嫌なことでも率先してやる　・センスがいい
・よく気が付く　・粘り強い　・あなたにしかできない　・ここまでやってくれるとは
・仕事ぶりには驚かされる　・他の人間にも見習わせたい　・研究熱心だ

○取引先の相手や少し年上の相手に有効なほめ言葉

・経験が豊富　・安心感がある　・造詣が深い　・話がわかりやすい

・自分も勉強になった　・あなたみたいになりたい　・他の人ではこうはいかない
・尊敬する　・どうすればそんな風にできるのですか　・あなたのおかげです

大きいほめ言葉をたまに投げかけるより、小さなほめ言葉を頻繁に投げかけるほうが効果的なのです。そして多くの人にほめ言葉をかけてあげることができれば、あなたのファンは確実に増えていくこと請け合いです。

Point

小さいことを具体的に、機会多くほめよう。

3 自分を魅力のない人に見せてしまう口ぐせ

日頃、言葉のキャッチボールが中心のラジオ番組を制作していて、（これは相手の心をつかめない話し方だ）とか（これでは人柄が悪いように聞こえてしまう）と感じる言い回しによく出くわします。

本人は無意識に使っているので、口ぐせなのでしょうが、人とのコミュニケーションで明らかに損をしてしまいます。そういったNGフレーズをいくつかご紹介しましょう。

《知識の浅さがバレてしまう口ぐせ》

「やっぱり○○は△△ですねえ」……例「やっぱりワインはフランスものですねえ」

↓薄っぺらな知識で決めつけているように聞こえる。

「ですよねー」……例「ですよねー。私もそう思ってました」

↓自分の考えというものがなく、単に調子がいいやつと判断されてしまう。

「みんなそう言ってますよ」……例「今年は黄色が流行るってみんな言ってますよ」

↓自分の主張に弱い根拠しか持っていないことがバレてしまう。

「決まってるじゃないですか」……例「拒否されるに決まってるじゃないですか」

↓明確な根拠や裏付けがないのに、別の可能性を排除しているように聞こえる。

「そのうちわかりますよ」……例「私の言っている意味？　そのうちわかりますよ」

↓たいした答えでもないのにすぐに明示せず、相手を見下している感じを受ける。

「あり得なくないですか?」……例「そんなこと、あり得なくないですか?」

↓自分と同じ考えを相手にも強要しているイメージ。

《自己中心的な性格が透けて見える口ぐせ》

「私って○○じゃないですか」……例「私って朝が弱い人じゃないですか」

↓つき合いもまだ浅いのに、自分をこういうタイプだと押し付ける。


「それでね、私なんかね」……例「それでね、私なんかね、あきらめちゃったんですよ」

↓人の話を最後まで聞かず自分の話に持っていかれるとストレスが溜まる。


「○○だと言ってやったんですよ」……例「だから彼には『すぐに謝れ』って言ってやったんですよ」

↓本当は力などないのに、あるように見せているだけという印象を受ける。


「もう、わけわかんないですよ」……例「彼はもうわけわかんないですよ」

↓理屈抜きで他人や他人のアイデアなどを拒否しているととられる。

「ワタシ的には○○ですかねえ」……例「ワタシ的にはやめたほうがいいかと」

↓自分という狭い尺度でしか物事を見ることができないと思われる。

《嫌われてしまう、能力を疑われてしまう口ぐせ》

「最近、太りました?」……例「あれっ? 山田さん、最近太りました?」

↓仮に親しい間柄になっていても、いきなり容姿のことを切り出されると憤慨する。

「バタバタしておりまして」……例「最近、ちょっとバタバタしておりまして」

↓忙しかったことを口実にしているが、要領が悪く仕事が遅いと判断される。

「聞いてないですよ」……例「そんな話、聞いてないですよ」

↓「初耳です。すぐに調べます」ならいいが、情報を得る能力がないと見られる。

「ここだけの話ですけど」……例「ここだけの話ですけど、ある企画が進んでいましてね」

↓口が軽いと見なされる。相手からとっておきの情報ももらえなくなる。


「何とかならないものですかね」……例「部内の空気、何とかならないものですかね」

↓当事者なのにこう語ると、相手にしてみれば「お前が何とかしろ」と言いたくなる。


「じゃあ、どうしろとおっしゃるんですか?」……例「A案はダメ、B案もダメ。じゃあ、どうしろとおっしゃるんですか?」

↓逆ギレする人間に思われる。冷静な話し合いができない人間に見られる。


「うちの会社は小さいですから」……例「全国展開?　うちの会社は小さいですから」

↓自分の所属する組織を卑下する人は信用されない。


「とりあえず○○ということで」……例「とりあえず次回ということで」

↓決断力、問題処理能力がなく、その場しのぎをしていると思われてしまう。

このほか、近頃は三〇代の社会人までもが使っている、「ビミョー」「ヤバイ」「キモい」「ムカつく」「ウザい」「ってゆうか」「ぶっちゃけ」などの若者言葉も厳禁です。

Point

ちょっとした表現でも、あなた自身が明らかになる。

4 比喩の使い方一つで人の評価はアップする

「小泉さんは武士なんですよ。安倍さんも武士。勝負師なんですよ。一方、福田さんは公家タイプなんですね。周りが担いでも、なかなか腰が上がらない」

これは、二〇〇六年九月の自民党総裁選挙を前に、安倍晋三氏の側近を自負する山本一太参議院議員が語ったコメントです。

テレビやラジオで引っ張りだこの議員だけに、比喩を使った話がわかりやすく、聞く人の耳に「なるほど、言いえて妙だな」とスーッと入ってきます。

私たちが日頃、ラジオ番組で話しているニュース解説でも、比喩を使うと内容が端的に聴取者に伝わりやすくなります。

「今の野党は、巨大与党に対して何か切り札を出そう、出そうとしているんですが、内閣不信任決議案もタイミングを逸してしまい、ドラえもんにたとえますと、何か出したいところなんですけど、もう番組の後テーマが流れてきちゃって、おたおたしている状況なんです」

「北朝鮮が核を持つ前までの六カ国協議は、ちゃんと六人で麻雀ができていたんです。ところが、北朝鮮は核を持った途端、『アメリカとだけ麻雀したい。日本をはじめ他国は黙って見ていろ』と言わんばかりのスタンスに変わってしまったんですね」

といった具合に、です。

ヒット商品やスポーツ、名所旧跡など、誰でもが知っていることにたとえて、話を噛み砕いてあげると、相手は（この人は面白い人だ）（話がわかりやすい）と思ってくれることでしょう。こういったレパートリーを持っていれば、あなたは話し上手と思われます。

一つ、それこそ面白い比喩の例をご紹介しておきます。

鈴木宗男衆議院議員と親交が深く、近頃では外交官というよりもノンフィクション作家として有名になっている佐藤優氏は、外務省内でも屈指の情報通であることに加え、説明上手で知られた人物です。

その佐藤氏が二〇〇〇年当時、森喜朗総理大臣に北方四島をめぐるロシア側との協議の進め方について説明に赴いた際の話です。

○佐藤優氏と森総理の会話―『新潮45』二〇〇六年一一月号より抜粋―

佐藤「総理、ここにいい女がいます。最終目標はヤルことですが、ガードが堅い。ただ、こちらのアプローチがうまくいって、ブラだけなら脱いでもいいと言っています」
森「ほうほう」
佐藤「今のところ、向こうはブラだけと言っていますが、『それじゃあダメだ。パンティも一緒に脱げ』と言って迫るのが得策でしょうか」
森「そうじゃない。それはとりあえずブラだけだな」
佐藤「そうです。最終的にはパンティを脱がせることですが、相手がそれをOKしないので、今はペッティングから入るというのが日ソ共同宣言からのアプローチです。平和条約締結後の歯舞群島、色丹島の二島引渡しは共同宣言で担保されているので、まずブラを脱がし、次にパンティである国後、択捉に迫っていきます」
森「佐藤くん、わかりやすいたとえだ」

この比喩はいわゆる下ネタで、そのまま参考にはできないと思います。

しかし、佐藤氏が「外務省のラスプーチン」と呼ばれ、森喜朗氏をはじめ多くの政治家に重用されたのは、難しい役所言葉を使わず、わかりやすい比喩を多用したことにも一因があると思います。私たちも、この姿勢には学びたいものです。

また何の比喩を使うかで、それとなく自分のことを相手にアピールすることもできます。

比喩に野球ネタを使えば、（この人は野球が趣味なのか？）と相手は感じます。草花だと、（この人はガーデニングに興味があるな）と思ってくれます。

比喩は、話をわかりやすくするだけでなく、どういうジャンルをたとえに使うかによって、あなたの趣味嗜好まで、さりげなく相手に植え付ける効果もあるのです。

Point

比喩を使えば、話の内容も、あなたという人間もわかりやすく伝わる。

5 質問することで信頼感は倍増する

コミュニケーションは、双方向に情報が行き交うものです。あなたは臨機応変に、聞き手から話し手に回らなければなりません。でも、相手の話を聞いているだけでは会話は弾みませんし、あなたという存在を相手に植え付けることもできないでしょう。

ここでは、相手にあなたのことを（できる！）と思わせる聞き方をご紹介しましょう。

アメリカのニューヨーク大学でビジネスマンらを対象に『自信を持って話そう』という講座を担当しているエレン・スナイダー教授は、以前、私に、初対面の相手と向き合った場合、次の三点が大事だと話してくれたことがあります。

○リラックスした雰囲気を努めて作ること……あなたが緊張していては相手も構えてしまい、本音を語ってくれない。

○あなたの存在をきちんと相手に植え付けること……あなた自身のプライベートな話

も盛り込みながら、できるだけコンパクトに、そして深く印象付けること。
○スムーズな会話の流れを作ること……うなずいているだけではなく、相手の話を要約したり、こちらから質問してみること。

これらのポイントの最後にもある「相手の話を要約し質問する」ことは、実は聞き上手になるうえで、とても大事なことなのです。

テレビ朝日系でしばしば深夜帯に放送される『朝まで生テレビ!』は、日本のテレビ番組の中では有数の討論番組ですが、司会役の田原総一朗さんはよく番組内で、

「つまり、あなたの言いたいことは○○ということですね。では聞きますが、△△についてはどうなんですか?」

といった切り返しをします。時事問題を扱う番組で、しかもゲストは論客ばかりとあって、田原氏の要約や質問には多少、毒気を感じますが、この切り返しは、普段のビジネスの場でも応用したいものです。

相手は、自分の話をきちんと理解してくれる人を評価します。わかっているのか、わかっていないのか、あなたが単にうなずいているだけでは不安を覚えます。

そこで、相手の話を理解している証拠として、

「つまり、こういうことですね？」

という要約が重要になってくるのです。

これだけでも、要約したうえに一応質問になっていますが、さらに、

「では、この場合はどうなんでしょうか？」

と重ねて質問することで、相手は、

（この人は自分の考えを理解してくれている。頭のいい人だ）

（しかも質問してきたぞ。私や私の話に興味を持ってくれているんだな）

といった気持ちになります。あなたが信頼できる人物に見えてきます。

しかも、要約したり質問することで、聞き役には徹しているのですが、会話を自分のペースに引き込むことも可能になってきます。

ラジオ番組で言えば、人気のあるパーソナリティや敏腕といわれるプロデューサーは、本番や打ち合わせでゲストと話をする際、この要約や質問が巧みです。

そうでなければ、たとえばゲストが自民党や民主党の議員だった場合、政党や議員本人の宣伝に終わってしまいます。企業の社長だった場合も、それこそ公共の電波でCMの時

間でもないのに自社製品のすばらしさだけを延々と聞かされることになります。

○ゲストの話を基本的には邪魔しない。
○邪魔はしないが、要約によって流れを止め、こちらのペースに持ってくる。
○さらに質問することで、相手を乗せたり本音を引き出す。

私たちは日頃、ゲストトークの際は、こういった点に留意して番組作りをしていますが、どんな業種にも共通して言えることですから、ぜひ参考にしていただきたいと思います。

Point

要約と質問でペースをこちらへ引き込む。それが聞き上手。

6 相槌上手は聞き上手への近道

「ええっ、ホントですか？　そんなことがあったんですか？」

「なるほど、それはいい手ですね！」

コミュニケーションを盛り上げるのに不可欠なアイテムが相槌です。

相槌が上手だと、相手は乗ってきます。口が重い人でも、「なぜですか？」「どうしてですか？」と、英語でいうＷＨＹやＨＯＷで聞きながら、しっかり相槌を打ってあげると、しだいに話してくれるようになりますから、相槌の効能は絶大です。

この相槌は、まさしくラジオパーソナリティがもっとも得意としているもので、何度かラジオのワイド番組を聴けば、そのコツがきっと実感できます。中でも、私が（この人は相槌がうまい！）と感じているのが、大阪・毎日放送ラジオで長寿番組のパーソナリティとして活躍しているタレントの浜村淳氏です。浜村氏はしばしば、

「会話の基本は相槌です。いつも五～六パターンの相槌を用意し、使い分けることです」

と語っていますが、その言葉どおり、いくつか用意しておく必要があります。少なくとも、次の三つは覚えておきましょう。

○相手の話に驚いたり同意する相槌

「なるほど」「それはすごいですね」「確かにおっしゃるとおりですね」「勉強になります」

○相手との会話をさらに進める相槌

「それは大変でしたね」「それはひどい話ですね」

○質問へとつなげていく相槌

「それでどうなさったのですか」「どういうことか、詳しく聞かせてください」

「いい人間関係」を英語でGood Chemistryといいますが、人と人とのコミュニケーションは、つまるところ言葉の化学反応です。

こうした相槌を交互に繰り出せば、会話に滑らかな化学反応が起き、たとえ表情が見えない電話であっても、相手はあなたに親近感を抱くようになります。

もし、相手がかなりの年長者だったり、威張るタイプの男性だった場合、次のような相槌を打つと、さらに絶対的な効果があります。

○「さすが」……相手の自尊心をくすぐる
○「確かにおっしゃるとおりですね」……相手を乗せる
○「すごいですね」……相手の実力を端的に認めて満足感に浸らせる

また、声を発しなくても、大きくうなずく、時折首をかしげるなど、「ちゃんと話を聞いていますよ」という姿を見せることも必要です。

Point

気持ちを合わせるには、まず言葉を合わせることから始めよう。

7 メモをとることで相手から一目置かれる

記者は、オフレコ（＝メモや録音が許されない）の記者会見などを除いて、相手の話す内容をしっかりメモします。それはもう本能のようなものです。

しかし、番組プロデューサーになって、スポンサーや広告代理店、あるいは放送作家やプロダクション関係者らと頻繁に会うようになって驚いたことがあります。

私が説明する番組内容やコンセプトをメモする人間がほとんどいないということです。すでにパンフレットを手に入れているからと言えばそれまでですが、印刷物から得る情報よりも、実際に番組を作っている生身の人間からのメッセージのほうがはるかに参考になるのに、としばしば幻滅したものです。

その挙句、段取りミスが連続したり、打ち合わせどおりに事が運ばなければ、余計にがっかりしてしまいます。

そんな中で一人だけ、重要なポイントは必ずメモをとる放送作家がいました。どんな感じの台本をいつまでに仕上げるのか、など、私の意図をしっかりメモするのです。

この姿は、話し手である私から見て期待できる人物に映りました。（この人だったら仕事を安心して任せられる）と感じました。

私は初対面以来、この放送作家を信頼し、私が担当する番組には必ず参加してもらっています。起用した当初、作家としての実力では、この人より上のベテラン作家はたくさんいましたが、何よりもまず真摯《しんし》な姿勢と几帳面さを買ったのです。もちろん、数年が経過した今では、真摯さが実って、良い台本を書く放送作家に成長しているのは言うまでもありません。

人生の成功には「引き」が必要だと述べましたが、この放送作家は私の「引き」で、安定した収入を得ているわけです。

知人の政治家で、女房役である秘書選びの基準に、「きちんとメモをとることができる人」を挙げる人がいます。

「メモをとれる人なら、今は政治の世界に疎くても、たいていのことはできるようになる」と彼は断言します。

地元選挙区からの陳情や有権者の声を正確に把握しなければ、次の選挙の当落に関わってくるのが政治家です。また、言った、言わない、が政局にまで発展する厳しい世界に生きているだけに、彼が「きちんとメモをとれる人」を秘書の条件にしたのは当然かもしれません。

こうして考えてみても、先に述べた要約と質問が相手の信頼を得る会話術の一つとすれば、メモをとる行為もまた、話し手の信頼を得るための、シンプルで、かつ手っ取り早い手段だと言えるでしょう。

Point

メモをとると（こいつはデキる）と思ってもらえる。

8 人の液面を見る

コミュニケーションの中身は情報や理論だけではありません。人間同士の会話である以上、そこには必ず感情が存在します。

感情の中には、相手に対する不安や期待、そのときの喜怒哀楽が含まれるものです。ケースによっては下心や野心も色濃く存在するかもしれません。そういう生の感情を持った人間と接する場合、相手がどんな心境でいるのかを汲み取ってあげる必要があります。

こちらから会いに行く場合の、相手の感情を想像してみましょう。

○初対面での相手の感情例

・どんな人間が来るのか　・その目的は何か　・商品を売りつけようとしたり、利用しようとしているのではないか　・どんな会社なのか　・自分にメリットはあるのか

・こちらの立場を理解し協力してくれるか

○二回目以降の相手側の感情例

・今回はどんな用事か　・今日は何のために来るのか　・今日こそは購入してもらえるだろうか　・前に話したこと（商品への不満や問題点、個人的なことなど）を覚えているか　・新しい情報を持ってくるか　・今後もつき合う価値があるか

想定される相手の感情をざっと列記してみると、期待より不安のほうが大きいように思います。

これらの不安を一つひとつ消していくことが、人間関係を深めるために大変有効な手段となります。

私は、取材で誰かに会いに行く場合、たとえば十分程度、時間をいただいたとして、配分を次のように考えています。名付けて「一・一・五・三の法則」です。

まず最初の一分間で、相手の心に残るような自己紹介と、ごく簡単に取材の意図や放送する番組名などを説明します。これが最初の一分です。次の一分は補足説明です。相手が、もっと詳しく企画の意図などを知りたがった場合、踏み込んで説明します。

そしてメインであるインタビューの時間が五分。それも、

「○○についてどう思いますか？」

という直接的な質問だけではなく、

「先日、朝刊にはA氏のこんなコメントが出ていましたが、それについてはどうお感じになりましたか？」

「同業のB社にはこういう問題がありますが、御社の場合はどう対処されていますか？」

といった別のニュースソースをベースに斜めの角度から質問するようにします。

最後の三分は、ざっくばらんな相手とのやりとりです。相手から取材者である私に望むこと、ラジオ番組についてのご意見などを聞いて帰ります。

実は、私が実践しているこの方法は、あるベンチャー企業の社長から教わった営業トークをヒントにしています。

○一分で相手の心をつかむ

○次の一分で安心感を与える

○本格的にビジネストークを開始（アポイントの時間によって時間は変動する）

○最後は三分間、相手側の「不便」「不満」「不愉快」を聞く時間にするこの社長によれば、特に最後の相手からの「不満」などをメモし、次に会ったとき、その答えを用意できれば、三度目以降、磐石な人間関係が築けるというのです。

プロ野球西武ライオンズの本拠地、西武ドームのネーミングライツを一時買い取ったことで知られるインボイスの木村育生社長も、同じことを実践し成功した起業家です。

「人の液面を見ろ」

というフレーズを座右の銘にしている木村氏。これは、直接的には、宴席などで相手のコップにビールがなくなったらすぐに注ぎ足すことを意味していますが、転じて、相手が何を求めているか、何に不満を感じているのかをいち早く見抜くことが成功につながると説いているのです。

Point

相手の立場になって考え、「不便」「不満」「不愉快」に着目してみよう。

第４章

出会って１分で
相手の心をつかみなさい

あっという間に人脈を増やせる出会いのノウハウ

1 初対面がうまくいけば、その後の人間関係もうまくいく

ビジネスであれ、私生活であれ、相手の心をつかもうとする場合、もっとも重要なのが初対面での印象です。初めての相手と面会したとき、あなたはきっと、相手の顔立ちや服装、体型といった見た目を材料に、（この人は抜け目なさそうだな）（どこかだらしなさそう）などと、懸命に相手を解析しようとするはずです。

それと同じように、相手もあなたを値踏みしていると思ってください。

（この人は、どんな性格でどんな趣味を持っているのだろうか）

（この人は、わが社と誠意を持って取引してくれる人材だろうか）

こんな風に考えながら、あなたの言葉を待っています。それだけに、最初にどんな印象を相手に与えるかが重要になってくるのです。

「最初の印象は最悪だったけど、つき合ってみて、いい人だとわかった」

中にはこんなケースもありますが、初対面で相手に好印象を残せなかったり、それどこ

ろか嫌な印象を植え付けてしまうと、それを挽回するにはかなりの時間を要します。

対人関係は、ほとんどの場合、次の五つのパターンに当てはまります。

1　初対面での印象はいいが、しだいに悪くなる

2　初対面でのいい印象がずっと続く

3　初対面での印象は悪いが、しだいに良くなる

4　初対面での悪い印象がずっと続く

5　いい印象も悪い印象も特にないままの関係が続く

本章ではもちろん、2がもっとも望ましいと考え、そのヒントを述べていくのですが、最初の印象で大きく左右されるということは、最初さえうまくやれば、後もうまくいくということです。しかも、たった一分で相手の心にグッと近づくことが可能なのです。

Point

初対面は値踏み合戦。ここで人間関係の九割は決まる。

2 名刺交換の際には一言「フック」を交える

ビジネスの場では、初対面の儀式として名刺交換があります。その際、多くの人が、「○○商事の清水と申します。よろしくお願いします」

と名刺を差し出し、相手からもほぼ同じように、名刺を頂戴することになります。そのとき、相手の名刺より自分の名刺を下にして差し出すとか、両手で相手の名刺をいただくといったマナーが大切ですが、相手の心に鮮烈に第一印象を叩き込むには、これでは到底足りません。

私の知人の一人で、在京テレビ局のワイド番組のプロデューサーは、自ら「俺の人脈は二○○○人」と豪語するだけあって、名刺交換からして普通の人とはまったく違います。

「○○テレビの○○です。最近、スキューバと歴史小説にはまっています」

と、自分の趣味など、何かしらフック（＝引っかかり）を一言相手に伝えるのです。

これには大きな効果があります。相手もスキューバダイビングか歴史小説に興味があれば、「どちらに潜りに行かれているのですか？」「歴史小説？　司馬遼太郎ですか？」などと会話が弾みます。

もし、どちらにも興味がなくても、単に「読書」ではなく「歴史小説にはまっている」と限定していることで、相手も（何の歴史小説だろう？）と関心を抱く可能性が高くなります。

そうなると、初対面にもかかわらず、仕事以外の趣味の話題で花が咲き、相手の脳裏には、しっかり「○○さんは歴史小説好き」とインプットされるに違いありません。

さらに、追い討ちをかけるように、相手の顔と名刺を見ながら、

「山田佑樹さんですか……。甲子園で優勝したハンカチ王子の斎藤佑樹くんと同じですか。トレンディなお名前ですね」

などと、相手の前で相手の名前をフルネームで復唱してみせるのも効果的です。

これだけで相手との距離が一気に縮まります。自分の名前をフルネームで呼ばれて嫌な気分になる人は滅多にいません。むしろ、それだけで（この人は私のことを覚えようとしてくれている）という思いにかられるに違いありません。

まして例に挙げたように有名人の名前と同じだったりすると、さらに話題は尽きなくな

ります。

私の場合も必ず、名刺交換の際には、何か印象に残ることを付け加えることにしています。「愛媛出身です」「大学でも教えています」「こんな本を出しています」「最近、ソフトボールに凝っています」などです。

そうすると相手は、ほぼ一〇〇％、「愛媛のどこですか？」「へえ、大学で？　どちらの大学ですか？」「何を教えていらっしゃるんですか？」「どんな本を出されているんですか？」「ソフト？　ポジションは？」と聞いてきてくれますから、初対面で、私の印象を相手の心に深く刻むことができるのです。

Point

名刺交換では一言で自分の情報を相手に伝えよう。

3 名刺という広告を最大限有効活用する

名刺交換にはまだまだ忘れてはならないポイントがあります。それは、名刺こそが、初対面の相手に自分という人間を売り込む唯一のツールであるという点です。

あなたの名刺を見てください。九センチ×五・五センチ程度の名刺には、社名や肩書き、あなたの名前と連絡先（会社の電話やファックス番号、メールアドレス）が書かれているはずです。

中には、裏にも英字で印刷されているものもあるとは思いますが、私は、会社から手渡される名刺では、自分を相手に印象付けるツールとしてはかなり不十分だと考えています。

私がおすすめしたいのは次の三点です。

○裏が白紙になっている名刺の場合、自分でそこにパーソナルな情報を印刷しておく

○会社の連絡先だけでなく、あなた個人の携帯電話番号やメールアドレスを記載する
○裏面がすでに英字などで印刷されている場合、個人用の名刺をもう一枚作っておく

特に裏面が白紙の場合、そのまま渡してしまうのはあまりにもったいない気がします。相手に渡した名刺に記載されているのは、通り一遍の情報でしかないからです。

私の場合、ラジオ局の社員としての名刺には、表しか印刷されていませんから、裏の白紙に、簡単な経歴や講師を務めている大学名と講座名、そして著書や趣味などを独自で印刷したりしています。

携帯電話の番号や携帯のメールアドレスなども加えて、表が「会社員としての私」、裏が「個人情報」になるように工夫しています。

こうしておくと、相手には私という人間が瞬時に把握できます。とりわけ、パーティ会場など大勢の人が集まる場所や雑然とした宴会の席などでは、マンツーマンでの自己紹介がしにくいので効果があります。

出会ったときは、名刺交換だけに終わったとしても、後日、相手は、

(ラジオプロデューサーの清水さん？　こんなこともしているんだ……)

（趣味は高校野球とガーデニング？　著書も何冊も出しているし面白そうな人だな）と感じてくれるはずです。それが今後につながっていくのです。

ですから、（別に社外で活動しているわけでもないし、裏に印刷するような特筆すべきことは何もないなあ）と思っている人でも、「趣味」「資格」「過去の実績」などの中から、いくつかをピックアップして裏面に印刷しておくと、いざというときに必ず役立ちます。

裏面がすでに印字されている場合や、会社の名刺の裏に自分を売り込むようなことを記載すると差し障りが生じる恐れがあるような方は、ビジネスで使う名刺とは別に、個人用の名刺を作ることをおすすめします。

私の知人には、テレビ局員でありながら専門学校で教えている人、本業は銀行員で土日だけコミュニティFMでパーソナリティをしている人、不動産会社に勤務しながら造園も趣味の範囲でやっている人などがいますが、みな二種類の名刺を持っています。

名刺は、交換した後、常にあなたと相手との連絡の際の窓口になるツールでもあります。ここでしっかりPRしておけば、電話をかけるたびに相手はあなたのことを、より興味を持って思い浮かべてくれるでしょう。肩書きと電話番号、それにアドレスだけしか書いていないなんて、もったいない話です。

最後に、その他でも名刺交換で気をつけたいポイントを書き添えておきます。

○名刺交換をした際、相手の名刺をすぐに名刺入れにしまわないこと

名刺は相手を知るたった一つの手がかりなので、名刺をじっくり見ながら、名前や企業名のロゴ、Eメールアドレス、場合によっては名刺の紙質やデザインまで、とにかく話題にできるものがないか、知恵をめぐらせましょう。

○相手が名刺を切らしていた場合も覚える努力を見せよう

「お名前はどんな漢字を書くのですか」

などと聞き返し、メモ用紙に書き込みます。そうすると相手は、（この人、自分のことをちゃんと覚えようとしている）と感じるものです。

○自分が名刺を切らしてしまった場合は、すぐに郵送する

思いがけず、相手側の人数が多かった場合など、私もよく名刺を切らすことがあります。その場合、少なくとも相手側の代表者にすぐに手紙を添えて郵送します。

マンツーマンで名刺を切らしていた場合も同じです。「忘れられないうちに送る」が鉄則です。

◯可能な限り、名刺交換が生じる場には一人で行く

同僚らと複数で会いに行くより単身で乗り込んだほうが、顔を覚えてもらいやすくなります。上司の同行が避けられない場合を除き、一人で乗り込む勇気を持ちましょう。

Point

名刺はあなたの唯一の広告！

4 自分のキャラを一言で伝えるキャッチフレーズを用意する

商品や広告にはキャッチフレーズというものがあります。短時間で、その特徴などをスパッと言い表すコピーです。短時間で相手に自分を印象付けるためには、自分をＰＲするためのキャッチフレーズも用意しておきましょう。

私は首都圏の大学で就職活動を控えた三年生を指導しています。時事問題を教えるかたわら、学生たちに企業の面接試験で勝ち抜く技術を伝授しているのですが、その中でもっとも厄介なのが一分程度の自己ＰＲの指導です。これがあまりにひどいのです。

「学生時代にファストフード店でアルバイトして責任感が身につきました」

「私は、御社で一生懸命頑張りたいです」

企業の採用担当者は、一日当たり数十人の学生を面接しなければなりません。大企業や人気企業ともなると、一日数百人もの学生と面接することになります。

それだけに学生は、わずか数分という面接時間の中で、担当者の印象に残るトークを展開しなければ落とされてしまいますが、こんな漠然とした内容では、到底、次のステップに進むことはできません。

わずか数分間の面接で、その学生の何がわかるのかといぶかる向きもあるでしょうが、入社試験で面接担当官の経験もある私から見れば、一分間自己PRをさせただけで、このコミュニケーション能力の有無が手に取るようにわかってしまうから不思議です。

声が小さい。姿勢が悪い。人の目を見て話ができない。早口で、しかも滑舌が悪く、何を言っているのか聞き取りにくい……。

こういうのも、もちろん失格ですが、数百人の学生を面接して一日が終わり、あらためて今日出会った学生たちの顔を思い起こしたとき、顔が浮かんでくるようなトークを展開しないと、二次面接や三次面接には勝ち進めません。

これは就職試験だけでなく、社会人の自己紹介にもあてはまることです。名刺交換は基本的に個人対個人ですが、自己紹介や何かのスピーチともなると、相手は複数というケースがほとんどです。

ですから余計に自己紹介やスピーチをあなどってはいけません。多くの人に対して自分の第一印象がそこで決まってしまうからです。

A「○○大学で時事問題を教えている清水です。よろしくお願いします」

B「○○大学で時事問題を教えている清水です。就職活動で学生たちを勝たせるためのものすごい授業をやっています」

この二つだと、明らかにBのほうがインパクトが強いはずです。

このように、たった一言付け加えるだけで、聴衆に（面白そうな人だ）（やってくれそうだ）といった印象を植え付けることができます。そしてそれが、人生を切り開く上でもっとも重要な「引き」にもつながるのです。

事実、古今東西を問わず、各分野で活躍している人は、一言で自己PRする名人です。

たとえば、ウォーターゲート事件でニクソン大統領が失脚した後、第三八代アメリカ大統領に就任した、故ジェラルド・フォード氏は、就任直後しばしば、自分を大衆車にたとえ、次のような自己紹介をしたことで知られています。

「私はリンカーンではありません。フォードです」

自分はリンカーン大統領のように英雄ではない《＝リンカーンのような高級車ではない》が、堅実に仕事をこなします《＝フォードモーターの大衆車のように軽快に走ります》と、歴史に名を刻んだ大統領と車の名前をかけた、実にウイットに富んだ自己紹介で瞬時に国民の心をつかむことに成功しました。

アメリカで言えば、アル・ゴア前副大統領も、二〇〇〇年の大統領選挙で、一時、当選確実が出ながらブッシュ大統領に僅差で敗れた経験を逆手に、講演先では、

「一瞬だけアメリカ大統領になったゴアです」

と切り出し、聴衆を沸かせています。

もっと身近なところで挙げてみますと、インターネット広告事業で売り上げを伸ばし、女優、奥菜恵さんとの結婚（のちに離婚）でも脚光を浴びたサイバーエージェントの若きCEO、藤田晋社長は、ベンチャー企業を集めた講演会などで自分を紹介する際、

「一回しかない人生ですから、何か大きなことをやりたかったんですよ」

と、成功者らしい一言で大きな拍手を得ています。

また、月刊誌『新潮45』の編集長で、林真理子氏ら著名な作家と親交が深い中瀬ゆかりさんは、担当する雑誌の知名度がライバル誌の『文藝春秋』ほど高くはないことと、かなり太めの体型が目下の悩みですが、

「身長四五センチ、体脂肪率も四五％の中瀬です」

と、わずか数秒の自己紹介で、雑誌名と自分の特徴を相手の心に植え付けています。

いずれも短い自己PRですが、ビジネスに対するホンネや、周囲を明るくさせるおちゃめな性格が表現できている見事な自己PRだと思います。

相手の心をつかむには一分もあれば十分です。逆に一分で、あなたに興味を持つかどうかが決まってしまいますから、自分の性格、仕事観、最新のトピックスなどを盛り込んだキャッチフレーズを、あらかじめ作っておくといいでしょう。

Point

キャラクターを前面に出し、自己紹介の達人を目指せ！

5 忙しい相手でも、三〇秒あれば相手に印象付けることができる

私が取材で誰かにインタビューに行った際、（相手は急いでいるな）と感じる場合があります。現職の閣僚など政界の実力者や財界のトップなどは、超多忙な合間を縫って取材に応じてくれているからです。

また、イラク戦争勃発時の軍事評論家や五輪でメダルを獲得した直後のスポーツ選手のように、マスメディアの取材が集中し、一社当たり数分しか時間がない場合もあります。ビジネスの世界でも、取引相手がせっかちな人で、すぐに商談に入りたがっているような場合や、隣に上司がいるため、部下の自分が長々と自己紹介する時間がない、といったケースがあります。

そんな時間がないシチュエーションでも、相手にあなたの存在を売り込んでおくことは絶対に必要です。初対面に「今度」という言葉はありませんし、相手が大物であればあるほど、チャンスは一回しかないかもしれないからです。ここで強い印象を残しておかない

と、記憶の隅にも留めてもらえないでしょう。

ただ、そんなときは、できるだけ短い時間に端的に自分を印象付ける必要があります。

私の場合は、三〇秒以内で自分をアピールするように心がけています。

最初の一〇秒……自分の会社（団体名）と名前をフルネームで告げる。そして、何かトピックスを加える。

次の一〇秒………面会した意図（うかがった理由）を語る。

最後の一〇秒……相手のメリットを語る。

では、その具体例として、私が一九九九年、自民党の加藤紘一元幹事長に単独インタビューをしたときの例を挙げてみましょう。

1「文化放送国会キャップの清水克彦と申します。担当は国会ですが、アメリカに留学していた関係で、今、アメリカ政治を勉強しています。どうぞよろしくお願いします」

2「今日は、総裁選挙についてお話をうかがいにまいりました。これからの国造りにかける加藤さんの思い、小渕総理と自分はここが違うという部分を特にお聞きしたいと考えております」

3「文化放送はラジオですが、加藤さんの声を流す番組は全国ネットです。加藤さんの地元、山形県もネットしております。最近、『テレビならいいけどラジオは……』という政治家が増えていますが、全国で数百万人規模の方が聴いてくれているんですよ」

これで三〇秒です。

私が加藤氏を取材した日、加藤氏はテレビや新聞の取材に追われ、私のインタビュー時間は秘書から厳しく、「五分ですよ。必ず五分でお願いしますよ」と念を押されていました。ですから、まず名刺交換した直後、たたみかけるように三〇秒で自己紹介をしたわけです。でもこの三〇秒で、しっかりとアピールすることができました。

分刻みのインタビューをこなしていた加藤氏からは、次のスケジュールを気にするどころか、私に矢継ぎ早に質問が続きました。

「アメリカのどこに留学していたの？」

「ケンタッキー州やミズーリ州？　アメリカでも田舎のほうはいいでしょう？」

「へえ、山形の鶴岡でも聴けるの？」

そして取材が終わっても、

「今、日本のラジオはテレビに押されてちょっと元気ないみたいだけど、アメリカではかなりパワーがあるメディアだよ。本格的なディベート番組とかいいんじゃないかなあ」

と、アドバイスまでしてくれたのです。

その後も、加藤氏には何度も番組出演やインタビュー取材で協力していただくことになりましたが、私があの三〇秒間でお話しした「アメリカに留学していた」というトピックスと「ラジオメディアも捨てたものではない」という話は覚えてくれていました。

三〇秒程度しか自己紹介の時間がなくても、「自分にまつわるトピックス」と「メリット」を語れば、自分の存在を相手に強く印象付けることができるのです。

Point

一〇秒×三の自己紹介で、相手を引き込むことができる！

6 別れ際の一〇秒で相手の心をつかむ方法

初対面の相手に、最初の一分間、もしくは三〇秒で強烈な印象が残せなかった場合はどうすればいいのでしょうか？

別れる直前の一〇秒で、一言付け加えればいいのです。それだけで相手が受ける印象は大きく変わってきます。一〇秒あれば、かなりのメッセージを相手に伝えることができます。その一言とは、私の経験上、次の二つに集約されます。

○あなたの志や夢を語る
○会っていただいたことへの感謝を繰り返す

このどちらかで一〇秒。これでＯＫです。

まず、「志や夢を語る」ですが、相手があなたより年長者、もしくは成功した人物だった場合に効果を発揮します。

年長者や成功者は、これまでそれぞれの分野で、高い理想を持ち、努力してきた人たちです。彼らの多くは「大きな志や夢を持っている人間」「高い理想を掲げて日々研鑽している人間」には興味を持ちます。（志を持っている人間はいい仕事をする。そうでない人間はたいしたことはできない）と、自らの経験を通して知っているからです。

彼らは、自分に似た人間に好感を持ちますから、（私が若い頃にそっくりだ）と思わせればしめたものです。要は、別れ際の一〇秒で、相手を自分にほれ込ませるのです。

私は、相手が大物の政財界人だった場合、よくこんな風に一言付け加えてきました。

○「アメリカでは大統領が毎週、演説に使うメディアがラジオです。私たちは小さな所帯ですが、『山椒は小粒でもピリリと辛い』……そんな番組を作っていきたいと思っております。今日はお忙しい中、本当にありがとうございました」
○「私は将来、大学の先生になりたいと思っています。政治記者をしながら感じたことですが、いくら制度をいじっても、結局、それを動かすのは人です。将来を担う若い人たちを教えられるように努力したいと思います。よろしくお願いします」

この最後の一言で、二回目以降の対面で話が弾んだり、「ラジオについて話を聞かせてよ」とか「政治学とかだったら教えられる？」といったお手紙やメールを頂戴したことが多々ありますから効果は絶大です。

このことは、ビジネスの場面だけでなく、就職や転職の面接試験でも応用できます。数分間の面接が終わり、席を立ったとき、あるいは、面接室の外へ出ようとする瞬間、

「今日は貴重なお時間をありがとうございました」

「今日はお目にかかれて光栄でした。ありがとうございました」

などと、たった一言でも付け加えれば、合格の確率は相当高くなるはずです。

事実、私は、教鞭を執っている大学で学生たちにこの方法をすすめ、多くの学生が志望する企業の面接で内定を勝ち取っています。

Point

志や夢を語って、自分にほれさせよう。

7 メールやファックスでサプライズを演出する

ここまでは、初対面の相手に、あなた自身をどのように印象付けるかについて述べてきましたが、もう一つ忘れてはならないことがあります。それは、相手に会う前の準備です。ビジネスでは、初対面の前に、メールやファックス、あるいは電話でアポイントを取りつけることがほとんどです。

私も、政治家や文化人と初めて会う場合、誰かに引き合わせてもらったケースもありますが、基本的には記者として、あるいは番組プロデューサーとして、先方に書面を送るか電話をして、「水曜日の午前一一時に弊社のスタジオで」とか「木曜昼に議員会館で」などと会う約束を取り付けてきました。

この先方に送るメールやファックス、もしくは電話が、仕事の成否を大きく左右することになります。

特に相手が超多忙な人物であったり、あなたの会社よりはるかに大きい企業の重役などの場合、あなたからの最初の連絡一つで「会える」「会えない」が決まってしまいます。

相手にとってあなたからのメールやファックスが、山ほど届く書類の中の一つで終わるか、（ちょっとこいつは面白そうだ）という特別な印象を持ってもらえるかは、最初に送るメールやファックス、それに電話の内容しだいです。

私の場合、プロデューサーとはいってもラジオ局の人間です。強烈な影響力を誇るテレビの前にラジオのパワーは弱体化する一方です。出演交渉を例にとっても、先に私がお願いをしていたにもかかわらず、

「自民党の○○事務所です。今日になってフジテレビから、同じ時間の生放送で声がかかったのです。一度は『出演します』と言っておいて申し訳ないのですが、おたくへの出演はキャンセルしてもらえませんか？」

といった、あまりにも理不尽な返答が番組当日になってきたりします。大物になると、

「ラジオ出演？　お断りします！」

と即座に断ってくる人もいるほどです。

しかし、印象に残る書面を送れば、あるいは相手の心に響く内容の電話をすれば、大物政治家であれ、今をときめく著名な文化人であれ、意外と出演ＯＫになる場合が多いもの

です。

以前、現在の民主党代表、小沢一郎氏に番組出演を申し込んだ際、私は事務所へファックスする文面に、番組名や出演希望時間、企画意図など決まり文句を並べた後、

「私たちは小なりといえども、『今の政治はここが間違っている』と伝えてきたメディアです。テレビのようなインパクトはありませんが、多くの聴取者が小沢さんの言葉を待っています。ぜひ、ご出演お願いします」

と書き添えました。

田中眞紀子氏を番組コメンテーターに迎えたいと思い立ったときは、出演依頼書というよりは手紙に近いスタイルで、

「ラジオは小さな所帯です。予算もありません。スタッフの服装はGパンなどラフで、ゲストの皆さんへのお茶出しも紙コップです。それでもテレビや新聞に負けず、いい番組を作ろうという気概に満ちた職場です。ご一緒していただけませんか」

と書き綴りました。

熱意がどこまで小沢氏や眞紀子氏に届いたかわかりませんが、どうせ断られるだろうという周囲の予想とは裏腹に、どちらからも快く出演ＯＫの返事が来たのです。

私たちの出演交渉も、ビジネスでの商談も原則は同じです。相手に（出演してみようかな）（取引してみようかな）と思わせることが大事です。

そのためには、通常の企画書や依頼書に、ほんの一言添えてみるなど、依頼者であるあなたのほとばしる熱意で、相手の心にサプライズを与える工夫が必要です。

電話だって同じです。しばしば、電話で詳細に企画の説明をするディレクターを見かけます。延々と商品の機能を売り込もうとする営業マンもいます。気持ちはわかりますが、詳しいことはあとでメールかファックスをする、あるいは、首尾よく対面できたときに説明すれば十分です。

電話は、相手の時間に前触れなく踏み込むのと同じですから、「今、お時間は大丈夫ですか？」と前置きすることと、用件の説明は、相手が興味を持って聞き返してこない限り、できるだけ簡潔に伝えることが大切です。

それよりも最後に、

「私は、○○業界を変えたいと思っています。何とかお時間をいただけませんか？」

「私はこれまで御社の○○に惹かれてきました。ぜひ、お目にかかりたいです」

と、あなたの思いを伝え、相手に、あなたという人間に会ってみようかなと思わせるように話すことを心がけましょう。

またメールやファックス、電話でいえば、あなたからの最初の連絡に相手が不在で、のちに相手から連絡が来る場合があります。そんなときも次のようなサプライズを心がけておけばいいでしょう。

○できるだけ早く、こちらからも返信する↓相手は素早い対応に感心する。
○「御社の同僚の方からうかがったのですが、ロンドンへ出張されていたのですね。いかがでしたか?」といった一言や、「たった今、こんな情報が入りました」などのプラスアルファを書き込む↓相手は親しみや信頼感を覚える。

Point

会いたい人には、(何かあるかもしれない)という期待感を抱かせよう。

8 事前の情報収集で勝負は決まる

初対面で相手の心をつかむには、メールやファックス、電話でのアポイント取りに加え、相手に関する事前の下調べが必要になります。それはエチケットのようなものです。

私の場合、たとえば政治家に会う場合、その政治家の政策や関わっている法案、メディアなどで取り上げられた最近の言動、経歴や選挙区事情などは最低限チェックするようにしています。会うまでに時間があれば、著書はあるか、政敵は誰か、前回の選挙は楽勝だったのか辛勝だったのか、趣味は何かまで調べて臨みます。

ビジネスの場合でも、相手の会社に関する最新情報、相手が押してくるであろう商品内容などに加え、上司や同僚で相手を知っている人がいれば、相手の経歴や趣味、家族構成、性格やくせといった個人情報を可能な限り入手してから対面したほうがいいでしょう。

特に、相手の個人情報を入手しておけば、事前にイメージがわきますし、話題に困ることがありませんから、初対面でもあなたのペースで進めることができます。

「あの人は確か、大学時代にラグビーをやっていたらしいよ」

「彼とは前に一回だけカラオケに行ったことがあるけど、マイクを持ったら離さないよ」

この程度の情報でいいのです。

逆に、下調べを怠ると、(私の会社のことを何も知らんのか?)(自分について前の担当者から何も聞いていないのか?)とマイナスイメージを植え付けてしまいかねません。

初対面なのだから、相手のことを知らなくて当然と考える人もいますが、少なくとも相手の会社に関する基礎知識や業界に関する最新事情程度は、頭に入れて会ったほうが無難です。それは反対の立場になるとよくわかります。

私は小中学校受験に関する拙著を数冊出しているせいか、時折、週刊誌や教育雑誌の記者から取材を受けることがあります。私のことを調べてくる記者が大半ですが、中には、

「東京生まれでしたよね?」(違うよ。愛媛だよ)

「出身は慶応でしたっけ?」(早稲田だよ。きみ、著者の経歴欄すら見てないの?)

こんな風に憤慨させられることも多々あります。その後のつき合いで、初対面での悪い印象が、いくらか払拭《ふっしょく》できたケースもありますが、しっかり私のことを把握してから会いに来る人と、何も調べないでやって来る人とでは、やはり熱心さが違うと感じてしまうの

が人情です。

初対面で相手の心をつかむには、

○あなたと話をしたいので、あなたやあなたの仕事のことをここまで調べてきました。

○あなたのことをもっと理解したい。専門知識を学ばせていただきたい。

○私はあなたやあなたの仕事の○○に深く関心を抱いています。ぜひ、教えてください。

こういった姿勢を忘れてはいけません。そういう素直さと熱意があれば、相手には必ず伝わります。

Point

敵（相手）を知れば百戦危うからず。

9 対人関係は二度目で確定する

初対面の重要さはこれまでに述べてきたとおりですが、もう一つ、相手の心をつかむ上で大切なのが二度目の対面です。

恋愛では二度目の対面やデートが、これから長く交際を続けていけるかどうかの試金石になるといわれます。ビジネスでも二度目をものにすれば、相手を自分の人脈にすることが、かなりの確率で可能になってきます。そして、その人はあなたの人生を大きく変えるけん引役になってくれる人物かもしれないのです。

もし、初対面で相手の心をつかめなかった場合でも、二度目で心深く飛び込むことができれば何の問題もありません。

また、初対面でうまく相手に自分を印象付けることができたなら、二度目でさらにあなたの印象を確固たるものにしておきたいところです。そのコツは次のとおりです。

1「○○さん」と呼びかけを効果的に使う

二度目に会った瞬間、「こんにちは」と声をかけるだけでなく、「こんにちは、○○さん」と話しかける。相手は、まだ一度しか会っていないあなたから名前で呼ばれると、（この人は私のことを覚えていてくれたんだ）と嬉しくなる。

2前回、相手が話していた内容を再現する

「○○さんは、前にお目にかかったとき、ダーツにはまっているとお話しされていましたよね？」と、初対面で聞いた内容を復唱できれば、やはり相手は（私の話を覚えていてくれた）と感じ、関係はさらに深まる。

3自分の私生活やキャラクターをさらけ出してみる

初対面では十分に開陳できなかったプライベートな話をする。話の流れに応じて、「うちの息子が勉強しなくて……」とか「最近、私が凝っているのが……」など、あなた自身のことを話せば、相手との距離がもっと近くなる。

逆に、相手が自分のことを話しているのに、あなたが応じなければ距離は縮まらない。

「うちの娘、国立の附属中学に通っていましてね」と話しかけられたら、「うちの子の学校名なんて恥ずかしくて言えない」ではなく、「私の長男は、中学受験に失敗しまして……」と返すべき。

「私、最近、ガーデニングに凝ってましてね」ときたら、「一戸建てですか？　いいですね。どんなことをなさってるのですか？」と聞き直してあげたうえで、「私は狭いマンション住まいですから庭いじりは無理ですが、熱帯魚にはうるさいですよ」などと自分の趣味の話などをすれば気心が通じやすくなる。

どんな人間かわかりにくい人はなかなか信用されないものです。二度目の対面チャンスを生かし、ビジネスやあなた自身の成功に結び付けていただきたいと思います。

Point

あなたがどんな人間か、相手が理解してくれれば関係は深まる。

第5章

人は見た目で
好き嫌いを決める

外見やしぐさで信頼を勝ち取るポイント

1 「見た目が9割」は本当

「おしゃれをしない人間は、泥棒より醜いと思います」

作家、故・宇野千代さんの名言の一つです。実はこの言葉も、人づき合いをうまくするうえでのキーワードになります。

私はラジオ番組を通じ、三〇～四〇代の起業家たちと接する機会が多々ありましたが、彼らは、自分の内面に磨きをかけるのと同時に、取引先などに自分を売り込むために、また甘く見られないために、髪型やファッションにも気配りしてきた人たちばかりでした。

ベンチャー企業を立ち上げ、世間の評価を受けるまでに成長させるには、業務内容の先進性や財務状況はもちろん、企業の「顔」である社長の見た目もないがしろにはできないというわけです。

第一次安倍内閣で初の閣僚となった塩崎恭久官房長官には、外務副大臣時代に秘書官を、

「あいつ、ダサいんだもん」

という理由でクビにしたエピソードがありますが、これは逆に、身だしなみにあまりに無頓着な人は遠ざけられてしまうというういい例でしょう。

二〇〇五〜〇六年にかけて、『人は見た目が9割』（新潮新書）という本がベストセラーになりました。著者の竹内一郎氏が唱えていたのは、「人間が伝達する情報の中で、言葉の内容そのものが占める割合はわずか七％にすぎない。あとの情報は、顔つきや仕草、目つきや匂いなど言語以外の要素で占められている」というものでした。

私もそのとおりだと思います。人の印象は、その人が語った内容（言語情報）だけでなく、ファッションや表情、目つきや姿勢など（非言語情報）で決まることが多いのです。

その代表格がファッションです。

ここでちょっとあなたの周囲にいる人たちを思い浮かべてみてください。仕事がデキない人の多くは、なんとなく古びた、流行遅れの服を身にまとってはいないでしょうか。

中には、ファッションだけ立派な伊達男や見せかけ女もいるかもしれませんが、一般的に仕事がデキない人は服装まで垢抜《あかぬ》けないものです。

私のいるラジオ局という職場は、テレビ局と同様、営業部門を除いてほとんどの社員、スタッフがラフな格好をしています。Ｇパンやチノパンなどラフな格好の中にも、きちんとしている人とそうでない人がいますが、放送作家、アシスタントディレクター、ミキサーなど、どの職種を見ても、ずぼらな格好をしている人で仕事がデキる人間を私は見たことがありません。

今では、自分の身だしなみに気遣いできない人が、細かい番組演出に気を配れるわけがないと確信しています。

中高年の転職者を積極的に採用している人事担当者はこう語ります。

「面接で最初に目に入るのは服装です。試験ですから、みなさんスーツをお召しですが、わざとワイシャツ姿にさせるんです。袖が汚れていたり、上着はピシッとしているのにシャツはしわだらけだったり。これでは採用される可能性は低いですよね」

知人のヘッドハンターも、（これは）と思った人物とはあえて私服で面会すると言います。

「私服はその人の生活が出ます。センスもわかります。『男は中身で勝負』なんて思っていると理想的な転職はできません。私服でお目にかかって幻滅したケースも結構ありますよ」

やはり見た目は重要なのです。見た目でも売り込む時代なのです。

（私は中身で勝負しているので服装なんて二の次）と言う人もいるでしょうが、（あの人、仕事できそう）とあなたを見て思うのは他人です。（彼を引き上げてやろう）と考えるのも上司や取引先という他人です。つまり、あなたのこれからの人生は他人の目が決めるわけですから、スーツやシャツの選択を甘く見てはいけません。

身なりがパッとしていれば、周囲の見る目が変わります。あなたの存在が大きくなっていきます。逆に、着るものにあまりに無頓着だと相手から格下に見られかねません。

また、ビシッと決めれば、あなた自身の気持ちも引き締まりますから、自分に新しい価値が加わったような気分にもなり、人に会うのが楽しくなります。

Point

見た目から変えてみよう！　そうすれば気持ちも変わる。

2 自分への投資だと思って、服装にもお金をかける

政府が提唱して話題となったクール・ビズやウォーム・ビズ。

地球環境を守るという大義名分のもと、夏冬ともに省エネルックが流行し、会社や何か公式の場でも、ノーネクタイ、ノー上着、そしてタートルネックなどのセーター姿で通用する時代がきました。

また近頃では、メーカーだけでなく、銀行や損保、生保といった業種でも、カジュアルフライデー（＝金曜日だけ私服でＯＫ）などを取り入れている企業が増えています。

こうなってくると、普段着が仕事着になるので、素材の組み合わせやカラーコーディネートなど、今まで以上にファッションに気を遣わなければならなくなってきます。（面倒くさいなあ）（スーツのほうが、朝、何を着ようかと迷わずにすんだのに）と考えている方も多いと思いますが、これはむしろ、自分をアピールするチャンスととらえるべきです。

先に述べたように、あなたを見ているのは他人です。評価するのも他人なのです。

（彼は今風のテイストをうまく取り入れたファッションをしているな。今度のプロジェクトを任せようかな）

（いつもビシッと決めている彼女に、あんな遊び心があったのか。だったらこの仕事もこなせるかも）

何も、イタリア製などのブランド物で身を固める必要はありませんが、上司や取引先といった周りにいる他人に、こんな風に思わせる工夫は忘れてはいけません。

私は週に一度は百貨店に足を運びます。夏と冬のバーゲンセールにも必ず行きます。もちろん、たとえバーゲンでも、アルマーニやフェラガモといった超高級店の洋服はなかなか手が出ません。

しかし、スーツ以外でいるときこそ差が目立つと考え、品良く、若々しく、スポーティに見えるものを選んでいます。

ブランド名で言えば、ティンバーランドやトミー・ヒルフィガー、ポロ・ラルフローレンなどです。バーバリーやカルバンクライン、エルメネジルド・ゼニアといった高級ブランドでも、ライセンスものは思ったほど高くはないので、自分をデキる人間に見せる投資だと思って、一年に数万円程度はかけてみてもいいのではないでしょうか。

昔から、服装は「人となり」を表すと言われてきましたが、たまには、ビジネス雑誌ではなくファッション誌を眺め、百貨店や街の専門店にも足を運び、自分という人間を表現できるコーディネートを愉しんでほしいと思います。

そうすれば、思いがけない副産物が付いてきます。季節感が得られるほか、百貨店めぐりなどによって、今、世の中ではどんなものが受けているのかなど、商談に役立つ話題やビジネスヒントが必ず見つかります。

Point

私服も自分をアピールするツールになる。

3 靴や小物は、その人の値札

私は以前、ジャスダック市場に上場を果たした起業家を毎週ゲストに迎える番組を担当していたことがあります。

その番組では、成功した秘訣や取引での心得などをうかがっていたのですが、その中で複数の起業家が話してくれたのが、靴や小物の重要性でした。

「人は初対面の人と向き合ったとき、まず目が行くのが相手の顔やスーツ。しかし、相手がどんな人物かを判断するのは、案外、靴だったり小物だったりする」

と言うのです。

若手のある起業家は、取引先の相手の靴を見ると言います。

「靴が汚れていると、この人は汚れにも気付かないほど鈍感な人なのだなと思ってしまうんですよ。いくら仕立ての良さそうなスーツを着て、高級な自家用車に乗っていても、足元がダメな人とは、すぐに大きなビジネスをやりたいとは思いませんね」

また、別の起業家は、こう言ってました。

「交渉相手が女性だった場合、顔や髪型だけでなく、靴や小物までチェックされているような感じを受けることがあります。ビジネスで男性が女性を見る場合も、どんな女性なのかを知ろうとしたり、話題を見つけるために、意外と靴やバッグ、時計などに目をやるのではないでしょうか」

能力だけでなく人脈も駆使して成功した彼らが、口を揃えて「靴や小物の重要性」に言及している以上、私たちも、今自分が履いている靴が汚れてはいないか、時計やネクタイ、バッグ、手帳など小物にこだわりを演出できているか、相手の心をつかむ戦略として重要視したほうがいいということになります。

もちろん、そういったものも超高級ブランドである必要はまったくありません。ただ、ビジネスシューズで一万円を大きく切るようなものは、長く履いていると質的に見劣りがするものです。全国的に知られたブランドで言えば、リーガルあたりの価格帯、一万五〇〇〇～二万円を基準に、履きやすいものを選ぶといいでしょう。

時計も、何十万円もするブルガリやロレックスの時計をしているのは、年齢によっては嫌味に見えるケースがありますが、「時計はステイタスの象徴」と考える相手もいるため、あまりに安いものは避けるべきです。

ちなみに私は、舶来品では比較的安いグッチやタグ・ホイヤーなど、いずれも五万〜一〇万円程度の時計三個で、服装やその日の用途に合わせてローテーションしています。

また、ネクタイやバッグといった他の小物も、勢いだけでなく信用で仕事をするようになる三〇歳を迎えた頃から、見た目にこだわって選ぶようになりました。駅の売店で買ったようなネクタイ、それに「両手が空くから」とナイロン製のいかにも安そうなサックをスーツの上から背負っているようでは、相手の心はつかめません。

靴や小物のすべてにお金はかけられませんが、ある程度、品質の良いもので揃え、「面白い柄のネクタイですね」「変わった時計してますね」などと言われた際、なぜそれを気に入って身につけているのか、簡単に言える程度にはしておきたいものです。

Point

靴や小物は自分を演出する重要なアイテム。

4 笑顔のもとに人は集まる

「楽しいから笑うのではない。笑うから楽しいのだ」

これは、アメリカの心理学者、ウイリアム・ジェームス博士の有名な学説です。楽しい人間、明るい人間に自分を演出しようと思えば、まず先に笑顔をマスターすることだと述べています。

物憂げな表情をしている人や幸薄そうな人も時には魅力的ですが、一般社会で普通に生きていくには、明るくて笑顔がよくて豪快に笑う人のほうが、はるかに人を惹きつけます。

小泉前総理や民主党の小沢一郎代表は、笑うとき、相好を崩して笑います。あの笑顔がなければ、小泉氏は高い支持率をキープできなかったかもしれませんし、強面のイメージが強い小沢氏も、党内の懸念を抑えて代表にはなれなかったかもしれません。

タレントの好感度ランキングで毎年上位に顔を出す明石家さんまさんや久本雅美さんらも、話芸だけでなく底抜けの笑顔が持ち味です。

アメリカ大リーグ・ヤンキースの井川慶投手は、阪神タイガース時代は仏頂面で有名でしたが、移籍を契機に笑顔が出るようになり、日米で人気が急上昇しました。やはりどの分野でも、笑顔は大きな武器になるということです。有権者にしても視聴者にしても、人の気持ちを引くには笑顔が一番です。

私は前に、サラリーマンやOLが集まる東京・新橋と西新宿で、三〇代と四〇代の勤労者（男女二〇〇人）を対象に独自調査をしたことがあります。これがその結果です。

◆今の仕事は充実していますか？

充実している・二二％　充実していない・五八％　どちらとも言えない・一六％

無回答その他・四％

◆（「充実していない」「どちらとも言えない」と答えた人に）

今後、充実させることができると思いますか？

できると思う・二八％　できないと思う・六二％　わからない・一〇％

調査結果を見ても明らかなように、六割近い人が「充実していない」と答え、その多くが、「今後も充実できるとは思わない」と答えています。

その理由は、(今の会社では昇進や昇給が期待できない)(好きな仕事をさせてもらえない)など多岐にわたりましたが、そう答えた人たちの半数以上が、取材中、笑顔ひとつなく、どこか疲れた表情を見せていたのが印象に残りました。

彼らからは、新しいスキルを身につけて自分自身を変えてみようとか、対人関係など自分から進んで働く環境を良くしようといった姿勢は感じられず、むしろ自分で自分をあきらめているように見えたものです。そういった人たちには、人もチャンスも集まりません。

「ネアカ、のびのび、へこたれず」

これは、ダイエー創業者の故・中内㓛氏が座右の銘に掲げていたものです。

「陽気さと素直さ」

これは、松下電器産業の創業者である故・松下幸之助氏が人生を成功に導く第一条件として挙げたものです。

共通点は「ネアカ」と「陽気」。すなわち「明るさ」です。

先ほど、政治家やタレントを例にお話ししましたが、カブトムシなどの昆虫が灯りに惹きつけられて街灯に群がるように、人もまた、明るさを慕って陽気な人のもとに集まるものです。そして人が集まれば情報も集まりますから、ビッグビジネスに結びつく可能性も広がります。そうすればお金も貯まってきます。

しかし、暗い表情の人には声が掛けづらいので、人は近寄らず、人が近寄らないと情報が集まらず、福の神もやって来ないという悪循環になります。

じっくり鏡を見てみましょう。最近、笑顔が少なくなっていないか、眉間のしわが深くなってはいないか、自分で毎朝、そして、仕事の休憩時に、洗面所の鏡でチェックしてみてはいかがでしょうか。

笑顔が少ない人はニコッと笑ってみましょう。嫌なことがあったときも、鏡の前で微笑んでみましょう。夜は楽しいことをイメージして眠りにつきましょう。それだけでもずいぶん表情は変わってきます。

Point

ニコッと笑ってみよう！　人が集まってくる、運もやって来る。

5 微笑み一つで、あなたへの信頼度が高くなる

笑うという動作と似て異なるものに、微笑むという表情があります。笑顔は、相手とあなたの間にある緊張をほぐし、相手の心をつかむうえでとても大切ですが、微笑みもまた重要な要素となります。

これまで述べてきたように、円滑なコミュニケーションには、黙ってうなずいているだけでなく、相槌を打ったり質問したりすることが必要になりますが、相手の顔を見ながら微笑むという行為も、相手から見て（私の話を前向きにとらえてくれているな）と思わせる効果があります。

加えて、懐が広い人間に見えますし、器が大きい人間に思われる効果もあるのです。

テレビでご覧になった方は、（なるほど）と思われるかもしれませんが、ワイド番組などでコメンテーターを務めている方の多くは、微笑むという表情が板に付いています。

経済ジャーナリストの荻原博子氏。『声に出して読みたい日本語』（草思社）などのベ

ストセラーで知られる明治大学教授の齋藤孝氏。そして大学教授の白石真澄氏。いずれもメディアで引っ張りだこの有識者たちですが、いつも微笑んでいるように見えます。

彼ら（彼女ら）がなぜ番組に起用されるのか。それは、その微笑みが番組を作る側や視聴者から見て頼りになる表情だからです。

いきなりどんなニュースが飛び込んでくるかわからないのが生放送の醍醐味であり厄介な部分です。凄惨な殺人事件や北朝鮮による核実験などの速報が入れば、予定していた企画を本番数分前でも変更します。

そんなとき、コメンテーターが、ゆったりと微笑みを浮かべて、

「エリート一家で起きた殺人？　いいですよ」

「北朝鮮問題？　はい、わかりました」

こんな風に言ってもらえると、作り手側の私たちは助かりますし、それ以上に、鷹揚《おうよう》に構えている出演者の表情が頼もしく見えてくるものです。

またこれは、プロデューサーやキャスターにも求められる要素です。本番直前に突発の大事件が起きた場合など、番組の総大将であるプロデューサーと「顔」であるキャスターがパニックになっていてはどうにもなりません。動揺が他の出演者やスタッフ、ひいては

視聴者にまで伝わってしまいます。

他業種でも同じで、取引先とのトラブルや、想定外の出来事が起きた場合、浮き足立ちそうになる気持ちを抑えて、表情だけでも微笑みを浮かべるくらいの度量を身につけておきたいところです。

理性を失わず、どんな出来事に対してもストレートにすぐ感情を爆発させないで、微笑みを浮かべながら、心の中で静かに何かを練っている雰囲気が醸し出せるようになれば、あなたはきっと周りから「器の大きい人」「頼れる人」と評価されるに違いありません。

何があってもどっしり構えることです。あたふたしないで微笑んでいるだけで、周囲があなたを勝手に知的で安定感がある人間に解釈してくれるようになりますし、そんなあなたから発せられる言葉に、相手も今まで以上に耳を傾けてくれるようになります。

Point

困ったら微笑む、焦ったら微笑む、迷ったら微笑む。

6 人は、あなたの本音を表す「目」を見てくる

会話をしている間、あなたは相手の顔のどの部分に視線を向けているでしょうか。

表現力の育成など社会人教育で知られるニューヨークのデール・カーネギー専門学校で、ある担当者が私に「こんな割合ではないか」と語ってくれたことがあります。

○左右二つの目と口を結ぶ三角形の辺り　七〇～八〇％
○額や頬、髪型など二〇～三〇％

担当者は、こうも言っていました。

「会ったら最初に相手の目を見ます。そして微笑みます。できれば、相手よりも一秒だけ長く、相手の目を見るといいでしょう。五秒も相手の目を直視すれば、逆に不快に思われますので、せいぜい三秒以内が理想です。そして話に入れば、目と口を結ぶ三角形に視線

を向けながら目が合えば微笑む、うなずく……基本的にはこの繰り返しです」

「目は口ほどに物を言う」ということわざがありますが、それだけ目の役割は大きいということになります。

考えてみれば、私たちも自然のうちに、相手の目の表情からさまざまな情報を読み取ろうとしています。（この人はどんな人だろう）（自分のことをどんな風に思っているんだろう）（強面だけど、意外と優しい人なのかもしれない）（さすがに賢そうな目をしているぞ）と、プラスの印象を読み取ることもあれば、（何を考えているのか油断はできないぞ）（この人、目が死んでいる）（本当はやる気がないのかも）といったマイナスの印象も、相手の目の表情によって受けるものです。

「目が血走っている」「目が据わっている」「目が曇る」「目が眩《くら》む」「目が点になる」「目くじらを立てる」「目からウロコが落ちる」「目の色を変える」「目に余る」「目から鼻に抜ける」「目を白黒させる」などと、目にまつわる慣用句が枚挙にいとまがないほどあるのも、目が、人とのコミュニケーションにおいて大きな役割を果たしている何よりの証拠です。

目は心の鏡ともいいます。喜びや怒り、動揺や不安、好意や敵意……こういった感情も目から読み取ることができますから、相手に好印象を持ってもらうためには、それこそ「見た目」を魅力的にしなければなりません。

今日の自分に相手を惹きつける目の力＝吸引力があるかどうか、笑顔のチェックと同じく、出社前や大切な相手との対面などの前に、

（今、自分の目はどんな表情をしているだろうか。輝いているだろうか、それとも……）

と、鏡で確認してみることをおすすめします。

Point

言葉だけでなく、アイパワーで勝負しよう。

7 背筋を伸ばすと、身長だけでなく気持ちも大きくなる

二〇〇七年の大学ラグビー選手権で早稲田の三連覇を阻んだ関東学院大学の春口廣監督。身長一五六センチと小兵にもかかわらず、取材で接してみると、その凛《りん》とした姿がむしろ大きく見えます。

こういう人は政治家の中にもいます。

小渕内閣で官房副長官という要職にあった鈴木宗男衆議院議員。政界きっての小兵ですが、数千人の人が集まるパーティ会場で会っても大きく見え、どこにいるのかすぐにわかるくらいです。

「私はね、子どもの頃から足の速さと姿勢のよさは自信があったんです。足はね、一〇〇メートルを一一秒八で走ってましたしね、いつもですね、背筋を伸ばして歩いてましたね」

こう語る鈴木氏の背筋は確かにピンと伸びています。

また、郵政民営化法案に反対し自民党を離れて新党日本の幹事長になった荒井広幸参議院議員も、身長が一五五センチであるため、仲間の議員から「一寸法師」と呼ばれていますが、実際に会うと、背の低さはそれほど感じません。

「猫背にならないようにね、胸を張って生きてるからですよ」

と語る荒井氏。なるほど、荒井氏も姿勢がいいのです。

私が、（やはり姿勢がいいと、人間が大きく見えるものだな）と感じるのは、取材を通じて、小兵ながら背筋がピンと伸びた人物を数多く目の当たりにしてきたからかもしれません。

それで試しに自分もやってみることにしました。一七八センチある私ですが、背筋をピンと張ると二センチくらい背が伸びたような気分になります。

健康診断での身体測定で、わずかでも長身に見せようと心もち背伸びをする感じでやってみると、たった二センチで、ずいぶん視界が広がったような気持ちになります。

電車の中でも背筋を伸ばしてみます。そうすると、つり革につかまっている通勤客の中で、頭一つ抜け出したような感じになってきます。

もう一つ感じるのは、自分が少し立派になったような気になることです。背筋を伸ばし姿勢を良くしたことで、気持ちまでシャキッとしてくるから実に不思議です。

姿勢が悪く背中を丸めていた頃は、どこか後ろ向きで、（まあ、ほどほどにやっていればいいや）と考えていたのが、（よし！　やってみるか）と前向きな気持ちに変わってきます。

また、背中を丸めていた頃は、年上の取引先から「○○君」と、まるで部下のように呼ばれていたのが、「○○さん」に変わったりします。

上司から、アルバイト学生がするような雑用を、「これ、ちょっとやっといてね」などと頼まれていたのが、堂々と構えていると回避できたりもします。

姿勢がいいと風格が出て、甘く見られなくなるメリットまで生まれるのです。

Point

背筋を伸ばした分、夢に近づける。

8 力説したいときは手を動かそう

アメリカの心理学者、アルバート・メラビアン教授が提唱した「メラビアンの法則」。話し手が聞き手に与えるインパクトには三つの要素があり、それぞれの影響力を数値化するとこうなる、というものです。

○メラビアンの法則
・言語情報（言葉そのもの）……七％
・聴覚情報（声の質、大きさ、トーンなど）……三八％
・視覚情報（表情や外見）……五五％

もうおわかりのように、先ほどご紹介したベストセラー『人は見た目が9割』の著者、竹内一郎氏の考え方は、この「メラビアンの法則」に基づいています。

私もこの法則には同感なのですが、一つだけ付け加えたいのがジェスチャーです。私は、ジェスチャーもコミュニケーションの成否を大きく左右する要素だと考えています。

小泉前総理と安倍総理を思い起こしてください。二人の間では話のインパクトや長さ、声のトーン以外に、身振り手振りが二人の間ではまったく違います。記憶に新しいと思いますが、小泉氏のほうがはるかに大きいのです。

国会答弁などで道路公団民営化や郵政民営化を論じたときの小泉氏は、両手を大きく前に出し、盛んに上下します。見ている有権者からすれば、(相当、意欲を持っているんだな)と受け止めた方も多かったのではないでしょうか。

一方の安倍氏は、野党の追及にエキサイトする場面もありますが、おしなべて、おとなしい印象です。身振り手振りが小泉氏ほど大げさではないからです。

ラジオパーソナリティも同じです。ラジオは音だけのメディアですから、聴取者は姿を見ることはできませんが、高聴取率番組のパーソナリティは、手をちょうど「前へならえ」のポーズに近い形で前に出し、熱く語っています。時にはずっこけてみたり、のけぞってみたりと、オーバーアクション気味にトークを展開します。

その熱いパフォーマンスが、共演者であるゲストやアシスタントにも伝わり、番組全体としていい雰囲気を醸し出すことができるわけです。

啓蒙家として有名なデール・カーネギー氏が書いた世界的ベストセラー、『How to Win Friends and Influence People』の中に、次のような記述があります。

「経済的成功の一五％は専門的知識から生み出されるが、残りの八五％は『考えを表現する能力、リーダーシップをとる能力、そして人々の熱意を引き出す能力』による」

私もそのとおりだと思います。

私は、表現することも、リーダーシップを示すことも、そして、相手から何かを引き出すことも、みな、ジェスチャーなくして語ることはできないと考えています。

○大いなる賛同には体を前後させてうなずく
○その要求は実現が困難といった場合は、苦笑いしながら首を斜めにする
○ここぞという話には、手を突き出し、逆ハの字にしながら上下する
○ここぞという話ではないが、佳境に入ったら「小さく前へならえ」程度に手を出す
○力説したいときはどちらかの手をグーにして前に出し上下する

○「わが意を得たり」という場合は、胸の前で大きくパンと手をたたく
○自分を大きく見せたい場合や強調したい場合、相手を包むように手を横に大きく開く
○それは違うという意思表示には、腕を組んでみたり、手をグーにして机の前に置く
○会議など演台の前で話すような場合、演台の横に立ったり、前に出たり、時折、立つ位置を変える

相手によって、また場面ごとにリアクションの取り方は違うでしょうが、手や体の動きを交えて語れば、あなたの言葉に熱い思いが加わり、人を惹きつける魔力が生じることでしょう。

Point

言葉だけに頼らず体全体で語れ！

9 緊急事態のときこそ、ゆっくりと動け

あなたの言葉に説得力を持たせるには、態度や動作も肝心です。

コミュニケーションには、相手から予期せぬ言葉が飛び出すなど、想定外の展開がつきものですが、そういうとき、動揺したり、困惑した態度をとってしまうと大きなマイナスイメージになります。

とりわけ、動揺したり困惑した際の態度は重要です。本章第5項で述べたように、微笑むという表情で多くはカムフラージュできますが、顔以外の動作でも気をつけてほしい点があるのです。

ニュース番組作りで言えば、緊急事態が発生した場合、冷静に情報を処理していけるキャスターと、動転して頭の中が真っ白になってしまうキャスターに分かれます。

プロデューサーや現場の記者たちも、悠然と構える人とあわてふためいて報道部とスタジオをせわしなく行ったり来たりするタイプに二分されます。

しかし、その差は紙一重です。

緊急事態に落ち着いて対処できたプロデューサーやキャスターも、後日、「いやあ、あのときはおたおたして、何から手をつけていいのかわからなかったよ」などと語るくらいです。

つまり、オウム真理教による地下鉄サリン事件とかJR西日本の電車脱線事故など、経験したことがない事件が発生した場合、周囲からは（落ち着いている）と見られていた人たちでも、相当、動揺していたということになります。

では、見た目、悠然と構えるにはどうすればいいのでしょうか。

○ここでうろたえてしまってはいけないと戒める
○最初の一分（ケースによってはたとえ一〇秒だけ）でも、動作をゆったりさせる
○その間に次の一手を考える
○それでも動揺が止まらない場合、「すごいことになっちゃったねえ」と笑ってみる

これでかなりの動揺が抑えられます。コミュニケーションの場合でも、相手から予期せ

ぬ一言が飛び出した場合、ゆったり視線を窓の外に向けたり、目の前にあるお茶を口にしたり、笑顔を作ってみることで、どっしり感を演出できます。

そうなると、あなたに言葉で揺さぶりをかけてきた相手が逆に動揺したり、（この人はデキる）と感じてくれるので、優位に立てるはずです。

Point

どっしり感を演出することで株が上がる。

第6章

いつの間にか人とチャンスが集まってくる人の習慣

考え方一つ、気持ち一つで、どんどん味方が増える

1 今はデキない人間でも、デキる人に見せる

「俺、近頃特に自分に自信が持てなくなった……」

「私って本当にダメな人間。取り柄もないし、今まで何をやってきたんだか……」

私の周りでも、こんな風に、自分を悲観的にとらえる人があまりにも多いのが現状です。単に謙遜ならいいのですが、今の自分を悲観し、将来まであきらめてしまっているかのようなことを口に出す人は、人づき合いにおいて大きな損をしてしまいます。

世間は自分を映す鏡です。自分から自分を見限ってしまっては、誰からも期待されず、重用もされません。夢があったとしても実現する確率は低くなってしまうでしょう。

現代は、自分をアピールした人間が成功する時代です。逆をいえば、(彼は頭がいい)(彼女ならやってくれそうだ)と周囲に思わせることができれば、大きな成功のきっかけを得ることができる時代なのです。ですから(ちょっと自信ないかな)と思うことでも、「自分ならできます」とアピールして挑戦したほうが、評価されるケースが多いのです。

もっとも、ここで私が言いたいのは、「見せかけだけでも取り繕え」ということではありません。文豪、夏目漱石は、「表面を作るということは内面を改良する一種の方法だ」と述べています。私も、「デキるように見せかけ、自分をレベル高く演出することで本当にデキるようになることを目指せ」と申し上げたいのです。

ひと昔前なら、遠慮していても順番が回ってきました。しかし今は違います。バブル崩壊と小泉政権五年間の構造改革によって、よりアメリカ的国家に変貌を遂げたわが国では、若手でもデキそうな人が抜擢され、ベテランや中堅社員でもデキそうにない人は日の目を見ない社会に変わりつつあります。

「誰か、このプロジェクトを担当してみたいやつはいるか？」

上司からこのように聞かれて、

「私ごとき人間に務まりますかどうか。やってみないと何とも言えません」

「ぜひ、やらせてください。私には自信があります」

と答える二人の部下がいたら、上司は間違いなく「自信があります」と答えた部下をプロジェクトのチーフに抜擢するはずです。

ここで少し手前味噌な話をさせてください。私は、勤務するラジオ局内では屈指のアメリカ通と目されています。しかしながら、最初からそうだったわけではありません。

過去、数度の大統領選挙を誰に取材させるか、報道部内で決定するとき、

「私に任せてください。アメリカ全域にネットワークを持っています。通訳も要りません。私なら他局とは違う大統領選挙レポが可能です」

と強烈にアピールしたことがきっかけです。

種あかしをすると、まだ若かった私は、アメリカに人脈など持っていませんでした。英語は話せなくはありませんが、通訳不要と言い切れるほどの自信はありませんでした。共和党と民主党の政策の違いすら知りませんでした。私のアピールは、まさにハッタリもいいところだったのです。

しかし結局、一九九二年を皮切りに、三回の大統領選挙取材とヒラリー・クリントン上院議員の選挙スタッフまで経験することができた私は、本当にちょっとしたアメリカ通になってしまいました。出張を重ねたことでアメリカ全土に友人ができ、アメリカの実情についても多くのことを学ぶことができたからです。

もちろん全国紙のワシントン支局長やＮＨＫのアメリカ総局長レベルには及びませんが、ラジオ番組でアメリカを語り、大学でアメリカ政治を教えるまでになれたのは、ひとえに

自分をアピールし、アメリカ行きの出張をことごとく押さえてきたからにほかなりません。

自分を低く見せては、来るはずのチャンスも来ません。高く見せることでチャンスをものにし、その結果、本当に自分のレベルを高めていけばいいのです。

番組を通じて知り合った、ミリオンセラー『頭がいい人、悪い人の話し方』（ＰＨＰ新書）で知られる樋口裕一さんも、

「自分を高く見せるというのは、見せかけだけごまかすことではありません。自分が理想とする『作った自分』を周囲に意識させながら、本当にそうなれるように一歩でも近づいていくことなのです」

と語っています。

Point

デキると思わせるだけで得をする。本当にデキるようになる。

2 三つの「マメ」があれば、人から助けてもらえる

（あの人は仕事がデキる）と見られている人たちの共通点に、筆マメ、口マメ、足マメがあります。こういう人たちは、何をするにもマメなので、出会ってすぐに相手の心をつかんでしまうだけでなく、自分を成長させる機会も、しっかり自分のモノにしてしまいます。

まず筆マメですが、（この人とは長くおつき合いしたい）と感じた人には、初対面の後、できるだけ早いうちにメールか手紙を出します。

会っていただいたことへの感謝や、相手が話した内容で心に残ったこと、そしてもう一度、簡単な自己紹介を記入します。これであなたの印象は、より深く相手に刻まれます。

特に初対面の場所が宴席だったとか、相手は一人なのに、こちらが上司や同僚など複数で会った場合などは、いくら最初に印象付けたつもりでも忘れられてしまうものです。ですから、会って翌日か翌々日には送るメールや手紙でダメ押しするのです。

そうすると、私の例でいえば、

「この間、言い忘れていたのですが、知人にこんな人がいますから会ってみませんか？」

「教育問題で必要なデータがありましたら、いつでも言ってください。出版社とかもご紹介できますよ」

といった返信が来たりします。

次に口マメです。

先に紹介した私の知人で自動車販売会社の営業マンは、車検でも買い替えの時期でもないのに、自分が抱えているお客さんに頻繁に電話を入れています。

「最近、いかがですか」

「何かご不明な点や不具合はありませんか」

といった具合にです。

私の知人のテレビプロデューサーも、親しい文化人やタレントに電話を入れては、ゴルフや釣りなど、仕事以外の話で盛り上がるのが日課です。

かつて、故・小渕恵三元総理が政界屈指の電話魔で、「ブッチホン」などと皮肉られたことがあります。

特に目立つキャラクターではなかった彼が、故・竹下登元総理に信用され、その後、巨大派閥を引き継ぐことができた要因の一つは口マメだったからにほかなりません。

評論家でテレビキャスターの田原総一朗さんも、仕事と関係なく頻繁に知人に電話をかけることで有名です。

「とりとめのない話でも会話を交せば人間関係が温め直される。心がもっと通い合うようになる」

これが、田原氏が電話魔になった理由だそうです。田原氏の持つ卓越した情報網は、電話することで、しだいに培われたのかもしれません。

最後は足マメです。

「また来ます」

これは帰るときの口ぐせですが、実際に何度も足を運ぶとなるとなかなか面倒なものです。しかし、デキる人はマメに足を運びます。

政界のキングメーカーと言われた故・金丸信氏は、

「朝霜を踏んで毎日通ってきた記者さんにはお話ししよう」

と、足しげく金丸邸に通った記者だけに情報を教えたことで知られていますが、頻繁に足を運んできた人間には（便宜を図ってやろう）と考えるのが人情です。「また来ます」ではなく、「また来ました」と姿を見せたほうが、間違いなく相手に可愛がられます。

こうしてみると、筆マメ、口マメ、足マメは、相手に自分を印象づける三種の神器とでも言うことができます。

しかも、それによって人を紹介してもらったり、売り上げに貢献してくれたり、さらにはとっておきの情報までもらえる場合があるのですから、自分をステップアップさせることにもつながります。

自分の力だけで自分を磨くには限界がありますが、筆マメ、口マメ、足マメによって、他人の力も借りて自分を磨くこともできるようになるのです。

Point

筆マメ、口マメ、足マメであなたを後押しする味方が増える

3 まずは身近な人から味方に付ける

「評価してもらいたければ、努力は周囲にわかるようにしましょう」

こう語るのは、カブドットコム証券の斎藤正勝社長です。

受け取り方によっては、上司や同僚に媚び、目立つように仕事をしろと言っているようにも聞こえますが、相手の心をつかむには、かなり真髄を突いた言葉だと思います。

先に私は、「デキる人に見せることで本当にデキる自分になっていく」と述べましたが、問題はその見せ方です。

もっとも効果があるのが、自分を評価してくれる役割を担う人物に直接アピールするという手です。そのことは歴史が教えてくれています。

源平合戦で抜群の戦功を挙げた源義経が、兄、頼朝に疎んじられたのは、兄である以上に源氏という巨大組織の上司である頼朝に報告義務を怠ったからでした。

頼朝は鎌倉、義経は京都と活動拠点が離れ、携帯電話もメールもない時代に連絡がとりにくかった面はありますが、義経が「私はこれだけ平家打倒に頑張っていますよ」と、京都から鎌倉へしばしば「ホウ・レン・ソウ＝報告・連絡・相談」のための早馬を走らせていれば、奥州で自刃に追い込まれる不幸はなかったかもしれません。

逆に、農民の子どもに生まれた豊臣秀吉が、天下統一に成功し関白にまで昇進できたのは、秀吉が、織田株式会社の社長である織田信長の目に直接とまるよう努力したからです。もし秀吉が、売り込む相手を間違え、（農民の小せがれめ）と色眼鏡で見ていた柴田勝家部長や丹羽長秀部長に売り込んでいたら、その努力は握りつぶされ、出世などおぼつかなかったのではないでしょうか。

売り込み下手は損をし、売り込み上手は得をする。昔も今もそれは変わりません。

○社内で自分を評価する立場にいる人、買ってくれそうな人は誰か？
○自分のいい面を社内で言いふらしてくれるような理解者は誰か？
○取引先企業など社外の人間で自分を引き上げてくれそうな人は誰か？

まずはこのあたりに留意することがポイントです。

ところで、自分を売り込む順番にも留意する必要があります。最初は社内に、次に社外に売り込むのです。

（彼《彼女》が企画したものだったら、何とかしてやろうじゃないか）

まずは社内の各部署でこんな風に思われるようになれば、人生は好転します。

社内に人脈ができれば、あなたの企画が通りやすくなります。また、彼らが社外の人脈作りにも協力してくれます。上司に限らず、後輩を含めた同僚も、それぞれ、あなたが知らない知恵と人脈を持っているものです。社内人脈が広がれば、仕事が効率よく進み、また、紹介によって、仲間が持っている人脈まであなたの人脈にすることができます。

社内人脈に乏しいままでいると、常に独力で新規の人脈を開拓していかなければならなくなってしまいます。社内での人脈作り＝社外の人脈を増やすこと、なのです。

Point

評価さえしてくれれば、と思っているだけでは評価されない。

4 時には自己主張もしないと、誰にも注目されなくなる

小泉前総理は、しばしばマスメディアで「ワンワードポリティックス」と揶揄《やゆ》されたように、短い言葉で自分の考えを国民に投げかけるメッセージ発信型の宰相でした。

「自民党をぶっ壊す」

「改革なくして成長なし」

「どこが戦闘地域か、この私に聞かれてもわかるはずがない」

「人生いろいろ、会社もいろいろ、社員もいろいろです」

「まずは本丸攻めに全力を尽くす。抵抗勢力が立てこもっているからね」

小泉氏の主張は強烈でわかりやすいものばかりでした。反感を覚えた人もいるでしょうが、少なくとも興味はわきます。

なぜなら、小泉氏は、聞き手＝有権者を意識して話していたからです。

○簡潔（話すテーマがはっきりしている・センテンスが短い・ポイントを絞っている）
○わかりやすい（比喩や例の出し方がうまい・難しい専門用語を使わない）
○印象深い（感情を込めて話す・言葉に力がある・言いたいことが明快）

話し手にもっとも必要な要素が、小泉氏のメッセージには見事に盛り込まれていました。一方、安倍総理はセンテンスが長く、何を言いたいのかストレートに伝わってきません。言葉に迫力がないメッセージ曖昧型の宰相です。

二〇〇六年九月二六日に開いた総理大臣就任記者会見では、二六分間の発言の中で、「しっかりと……したい」というフレーズを三二回、「思います」を三五回、「考えています」を一八回と多用しました。「……します」「……です」と断定していないのです。

これでは、先に述べたように自信のない表れと受けとられかねません。安倍氏が、自らが提唱する美しい国造りのために何をしようとしているのかも伝わってきません。

言語学の用語で「リポートトーク」と「ラポートトーク」という言い方があります。「リポートトーク」は、官僚が行政の方針や事実関係を淡々と伝えるような話し方で、「ラポートトーク」は、相手との心の触れ合いを意識した話し方です。

安倍氏の話し方は「リポートトーク」に近く、感情や本音の部分が伝わってこないのが最大の欠点です。国民の心を十分につかめず支持率が下がるのは当然です。

この小泉氏と安倍氏、新旧二人の宰相は、私たちに一つの教訓を与えてくれます。

それは、時には明確な自己主張が必要だということです。自分はどう考えるかを、自信を持って明快に打ち出さなければ、誰にも注目してもらえないということです。

日本人は政治家に限らず、態度を不鮮明にすることで自分の立場を守ろうとする傾向があります。会議の席などで、AかBかと議論が分かれたときなど、中立でいることがベストだと考え、どちらが勝っても冷や飯を食らうようなことがないよう振る舞うのが知恵だと思っている人もいます。しかし中立でいることは、A派とB派の両方から優柔不断に見られるばかりか、（自分の派に属さない人＝敵）と見られてしまう恐れがあります。

（自分がこんなことを言ったら相手はどう思うだろう？）

（ここで自分の考えを主張したら周りはどう感じるだろう？）

などと思わず、自分の考えはきちんと主張するほうが得する時代なのです。

コミュニケーションは聞き役に徹するほうがうまくいくケースが多いですし、これまでにも、そのように述べてきましたが、相手の考えと異なる場合、自説を曲げてまで相手に賛同する必要はありません。

「全体としては賛成ですが、あえて反論しますと……」

「確かにそういう面はありますが、私は……」

相手に配慮しながら持論を述べたほうが、相手もあなたに一目置くようになります。

ただし、相手との一対一のコミュニケーションは相手が主役。複数の人間が顔をそろえる会議も大勢の中の一人ですから、自己主張に多くの時間は不要です。

小泉氏のようにワンフレーズで、とはいかないかもしれませんが、安倍氏のように誰かの作文を読んでいるような話し方ではなく、ズバッとあなたの考えを自信を持って相手に伝えるように心がけましょう。

Point

適度な自己主張は相手の心に刺さる。

5 肩書きよりも「好きなこと」を増やす

繰り返し述べているように、人生をよりよいものにするには、他人の「引き」が必要です。自分への評価は他人が決めるものですし、有益な情報も第三者からもたらされることが多いですから、すべてに自力本願とはいきません。

しかし、自分だけの力でできることもあります。「好きなことを増やす」ということです。

会社勤めをしている人なら、仕事面で一番気になるのは、昇進や昇給に直結する上司からの評価でしょう。係長より課長、課長より部長のほうが給与はいいし、どの役職で定年を迎えるかで退職金の額も大きく違ってきますから、出世しないよりはしたほうがいいと思います。とはいえ、それにこだわるあまり、自分らしさを見失ってはいけません。

私がいるラジオ局というところは、実にいろいろな人が出入りする人間交差点みたいな場所です。政治家、財界人、歌手、タレント、スポーツ選手。職種を挙げればキリがありませんが、私が、功成り名を遂げた人たちと接して、いつも思うのは、〝好きなことをやっている人間は強い）（仕事は面白がってやる人間には勝てない）ということです。

直木賞作家の重松清氏は、文章を書くことが好きで、何時間パソコンの前に座っていても平気な人です。漫画家の弘兼憲史氏も、中学生時代から憧れていた漫画家になるため、せっかく入社できた松下電器産業を辞め、早く著名な漫画家に追いつこうと寝る間を惜しんで好きな漫画を書き続けてきた人です。「好きこそものの上手なれ」といいますが、「好きなこと」「楽しんでできること」「没頭できること」を見いだした人は強いと感じます。

好きだからしんどくない。楽しいから辛くない。没頭できるから頑張れる。この感覚は、どこか恋愛感情に似てはいないでしょうか。（好きなあの子のためだから）（大好きな彼と一緒だと楽しいから……）。こんな感覚を仕事や趣味で見いだすことができれば、あなたの話は説得力を増し、見た目も自信に満ち溢れ、その結果人生も好転していくはずです。

あなたの人生のプロデューサーはほかでもない、あなた自身です。だとすれば、あなた自身のために楽しい役柄をキャスティングしてあげられるのは、プロデューサーであるあなたしかいないということになります。

私の職場でいえば、本来は制作畑や報道畑の人なのに、人事異動で移った営業部でサラリーマン人生を終える人たちがかなりいます。テレビ局やラジオ局の場合、一般的に、制作畑や報道畑より営業畑のほうが出世が早いとされるので、心の中では、（制作部に戻ってディレクターをやりたいなあ）などと思ってはいても、上司にアピールするわけでもなく自分の気持ちを押し殺して働き、いつのまにか定年を迎えてしまうというケースです。

これでは、そこそこ出世できたとしても、本当に充実したサラリーマン生活だったとは言えません。定年後にスタートする長い第二の人生の展望も描けないのではないでしょうか。

今、従事している仕事が好きな仕事であったり、そうでなくても好きなことを発見できれば最高です。しかし、どちらでもない場合は、「この部署に異動させてください」とアピールしたり、自分の中で「これなら没頭できる」「楽しんでやれる」という何かを見いだすことが、幸せな人生を送る成功への道だと私は考えます。

Point

あなたの中に眠っている「本当はこれが好き！」を探そう。

6 自分の得意ジャンルを発掘し、研ぎ澄ます

すべて平均点の人よりも、他はすべてダメでも何か一点光るものがある人のほうが、魅力的に見えるものです。自分にとってそれは何なのか、わかっている人とわかっていない人とでは、人づき合いをするうえでも大きな差となります。

第五章で紹介した、東京・新橋と西新宿で三〇代と四〇代の給与所得者、男女二〇〇人に聞いた独自調査で、少し残念な数値が明らかになりました。

◆何か特技や得意ジャンルと呼べるものはありますか？

ある・五四％　特にない・三七％　わからない・九％

◆（「ある」と答えた人に）それを仕事に生かしていますか？

生かしている・三四％　生かしていない・五八％　わからない・八％

特技や得意ジャンルがある人は半数以上いるにもかかわらず、それを仕事に生かしている人は、そのうち三分の一程度しかいないことがわかったのです。

先ほど、「好きなこと」「楽しめること」を探そうと述べましたが、私は、人生を好転させるには、「特技を生かす」ことや「得意なジャンルで勝負してみる」ことも重要だと考えています。独自調査では「特技などない」という人が全体の四割近くを占めていますが、人は誰しも特技を持っているもので、（そんなもの、私にはない）と思っている人も、その人の奥底に流れる鉱脈に気付いていないだけなのです。

私も、自分を変えようと思い立ったとき、（昔、得意だったものは何だったのか）と、子どもの頃の自分を振り返ってみるところから始めました。

（先生に、『人前で話すのが上手ね』と言われた）

（生まれ育った愛媛県の作文コンクールで入選したこともあったっけ）

こんな風に考え、「人前で話す」と「文章を書く」の二つを、自分を変える軸に据えようと決意したのです。「人前で話す」は、ラジオ局の記者やキャスターとして番組に出演するだけでなく、大学で教える、講演会で話すといったことで、さらに磨きをかけたいと考えました。「文章を書く」は、こうして出版に向け原稿を書くことや、ラジオ番組では伝えきれない取材内容を雑誌に掲載してもらうことで生かそうと思いました。

どちらもたいしたものにはならないかもしれませんが、（自分の中に流れる鉱脈がどんなものか発掘してみよう）（たった一度の人生、自分の決め球で勝負してみよう）（やってみなければ何も変わらない）と考えたのです。

その結果、上司の命令どおり、ラジオ局という小さな水槽の中だけで泳いできた二〇代や三〇代前半の頃と比べ、世界が大きく開けてくるのを感じました。

大学で得る情報が出版に生き、出版すれば講演の話が舞い込み、講演をすれば人脈が広がり、そこで得た人脈を本業の番組作りに反映させる、といったように人脈や情報を循環させることができるようになりました。

番組のコメンテーターやゲストなどとも、本業以外の話ができるようになりましたから、年長者やその道のプロといった人たちからも甘く見られなくなった気がします。

ですからみなさんも、あなた自身の中に流れている「特技」「得意分野」と思える鉱脈を掘ってみてほしいと思います。

（どうせ）（自分なんか）（今さら）（遅い）といった言葉は禁句です。今のあなたは、表面に出てきている一部分にすぎず、あなたが本来持っている潜在能力はもっと別のものかもしれないからです。

テレビでマルチな活躍を見せる黒柳徹子さんは、昔、人前で喋ることが嫌いで、今のような仕事は向いていないと考えていたそうです。人気ラジオパーソナリティの吉田照美さんも、元来、人前で話すのは苦手という人でした。

その二人がそこまでになるには、本人たちの努力もあったでしょうが、黒柳さんや吉田さんの中に、人を惹きつける話術という鉱脈が流れていたのだと思います。（自分はこれだけの人間だ）などと決め付けず、自分は本当は何が得意なのかを考えることが大事です。

得意なものが見つかれば、それを徹底的に磨きましょう。プロ野球の投手が、勝負球である決め球に磨きをかけるように、得意なボールを徹底的に速く、あるいは切れ味鋭くしていけば、あなたは見違えるように大きくなっていくはずです。

Point

誰しも決め球を持っている。問題はそれを発見し磨くか磨かないかだ。

7 デキる人はPep talkを使いこなす

自分で自分にハッパをかけることを、英語でPep talkといいます。

コミュニケーションでは相手をほめることが大切ですが、他人だけでなく、自分を励まし、ほめ続けることも、人から好かれるうえで大きな役割を果たします。

アメリカの心理学者、アブラハム・マズロー氏は、人間の欲求を次の五段階に分類しています。

1 生理的欲求……空気や水、食事や住居が欲しいという生命維持のための基本的な欲求
2 安全と安定の欲求……リストラされたくない、健康でいたいなどの欲求
3 親和と帰属の欲求……仲間が欲しい、人と関わりたいなどの欲求
4 自尊心の欲求……他人から認められたい、尊敬されたいという認知の欲求
5 自己実現の欲求……能力を発揮し、自己の成長や発展を図ろうとする欲求

自分のことをしっかり見ている人、仕事がデキる人ほど、1から2、2から3へと欲求の段階を駆け上がるのが早いのですが、その分、早く障害にぶつかってしまいます。多くの場合、1〜3の欲求はすぐに満たせても、4や5の段階でつまずいてしまうのです。

（こんなに頑張っているのに認めてもらえない）

（私の功績を会社は評価しようとしない）

などと憤慨したりするのが、つまずいた証拠です。

そこで、Ｐｅｐ　ｔａｌｋが必要になってくるのです。自分で自分を評価してあげる、ほめてあげたり励ましてあげることで、ある程度、崩れそうになる気持ちを立て直すことができます。

（お前だったら絶対に勝てる。きっと何ごともうまくいく）

（自分ができなければ誰にできるというんだ。できるのは自分しかいないじゃないか）

（この日のために積み重ねてきたんじゃないか。いつかはきっと誰かが認めてくれる）

といったようなハッパをかけてあげることです。

思えば、元サッカー日本代表の三浦知良や中田英寿も、メジャーリーグを代表する選手にのし上がったイチローや松井秀喜も、重要な試合や大記録を前に、このようなＰｅｐ ｔａｌｋを自分自身に向けて吐いてきました。

賛否両論ありますが、ボクシングの亀田興毅、大毅兄弟が、試合前、対戦相手を罵倒するのも、パフォーマンスともども、自分にもハッパをかけているのだと私は見ています。

二〇〇六年夏の甲子園大会。高校野球の頂点をかけて早稲田実業と駒大苫小牧が戦った決勝戦もそうでした。

早実の斎藤佑樹投手は、あと一死で優勝という場面、駒苫の最後の打者、田中将大君を打席に迎え、変化球を要求する白川捕手のサインに三度とも首を振りました。これは、

(自分はストレートに磨きをかけてきた。打たれるわけがないし、打たれても後悔はない。だからウイニングボールはスライダーではなく、ストレートでなければならない)

という思いからでした。

一点差に迫られた九回、連投の斎藤投手を鼓舞したのは、

(これだけ磨いてきた球なら打たれるわけがない)

という、自らにぶつけたＰｅｐ ｔａｌｋだったのです。

そしてもう一つ大切なのが自分へのほめ言葉です。

「ほめてやらねば人は育たぬ」

とは、山本五十六元帥の有名な部下管理術ですが、時には自分だってほめてやらねばなりません。

・明るく朗らか　・優しい人間　・気が利く　・きれいな字を書く
・これまできっちり仕事をこなしてきた　・一生懸命努力してきた　・仕事が早い
・後輩の面倒見がいい　・粘り強くやってきた　・人とは誠実につき合ってきた

こうした言葉を自分にかけてあげれば、自分で自分を元気づけることができるほか、自分へのほめ言葉を探す過程で、自分の長所や特性を見つめ直すきっかけにもなります。

Point

自分へのハッパやほめ言葉が何よりのサプリメントになる。

8 無いものを嘆くより、あるものを生かせ

「失ったものを嘆くより、残されたものを生かせ」

これは、障害者のスポーツの祭典、パラリンピックの精神です。

（もっといい大学を出ていたらなあ）

（もうちょっと大きな企業にいたら人生変わったのに）

と嘆く人がいます。どっこい、あなたの魅力は、そんなことだけでは測れません。

（社会の制度が悪い）

（親や学校がいけない）

近頃では、犯罪の加害者となって「周囲のせい」だと居直る少年少女の増加が社会問題化していますが、犯行に及んだ理由からは、ポジティブな考えは微塵もうかがえません。

私が教えている大学では年に二回、学生が教員を評価する制度が定着しています。幸い、私は、学内でも人気があるようですが、それでも五段階評価で低い点数をつける学生

はいるものです。

気になったので、その子がどんな学生なのかリサーチしてみると、前期、後期ともに成績が悪い学生たちばかりでした。

さらにその学生たちは私のどこが気に食わないのか調べてみると、

「休講や遅刻が多い」

「学生の私語を注意しない」

などの項目に○をつけていました。ちなみに私は、その時点で休講や遅刻はゼロ。私語を続けて他の学生に迷惑をかけ、私に叱責されたのが当人たちです。その学生たちは自分たちの成績不振を私のせいだと言いたかったのでしょう。

就職活動で、なかなか内定がもらえない学生に、

「どこが悪かったと思う？」

と尋ねてみても、決まって、

「大学のネームバリューが低いから」

「きめ細かい就職相談をしてもらえなかったから」

といった答えしか返ってこないのは実に情けない限りです。

そういった学生のエントリーシート（＝企業に提出する履歴書）を見せてもらうと、自己PRや学生時代に打ち込んだことなどを書く記入欄に、二〜三行しか書いていません。就職相談だって、他大学よりも頻繁に開いているのに、キャンパス内の掲示板すら見ていないのです。自分から動くことを怠り、置かれた境遇を周りのせいにしている学生に、（自分を評価しろ）（内定をくれ）と願う資格はありません。

あなたの職場にもこんな不満分子がいるはずです。評価されないのは上司のせい。昇進が遅いのは名門と呼ばれる大学卒じゃなかったから。ボーナスが目減りしたのは会社の経営陣がバカだから。もちろんそういうことがあてはまる職場もあるでしょう。

しかしそれを嘆いているだけでは、人生は好転しませんし、大きく成長することもできないでしょう。

先に述べたように、「好きなこと」「得意なこと」をとことん極め、自分の新しい武器にするとか、今の職場で待遇や評価が好転するメドがないなら、転職や副業など、今の職場とは違う可能性を探せばいいのです。

そのためには、あなたが育った環境、地域社会、築いてきたキャリア、栄光と挫折など、自分が背負ってきたものや身につけてきたものの中から、何をこれからの自分に生かすことができるのか、じっくり考える時間を持ってほしいと思います。

時代小説で知られる作家の山本一力さんは、高校卒業後、旅行代理店や広告制作会社を転々とした後、事業で大失敗し、四〇代で二億円近い借金を作ったことでも有名な人ですが、その山本さんはラジオ番組でこんな風に話しています。

「普通は『ついてねえな』と思うだろ。でも、俺を大事にしてくれるかみさんがいて、子どもがいて、むしろ、ついてると思うんだよな。皆も生きていることや給料をくれる会社があるってことを、ついてると思うべきなんだよ。あとはやりたいことをやるだけ。『何かやりたいと思っているんだけど……』じゃ、すぐに一生終わっちまうよ」

自分にとって不満な部分はすぐ目に付くものですが、恵まれている部分は見えにくいものです。一度、自分の「あるもの」を棚卸ししてみるのもいいでしょう。

Point

チャンスは自分の中に転がっている。目の前にだってある。

9 多角形人間のススメ

せっかく自分の中にいい鉱脈が流れているのを発見しても、自宅と会社を往復しているだけの毎日では磨きをかけることが難しくなります。

そこでおすすめしたいのが、多角形で生きるということです。

多くの人が、自宅と会社、会社と取引先を結ぶ、せいぜい三角形か四角形までの行動範囲で生活しています。そんな中、たとえば、

（自宅―朝の異業種交流会―オフィス―取引先―毎日のぞいてみる書店―英会話教室―知人とのお茶―オフィス近くの百貨店―オフィス―居酒屋―自宅―公園）

こんな風に動いてみてはいかがでしょうか。私が接してきた起業家や文化人は、そのほとんどが、行動範囲を

線で描くと、六角形だったり八角形だったりします。このように多角形で生活すれば、さまざまな発見があります。ビジネスに役立つ情報やコミュニケーションで使える生

きた話題が断然増えてきます。

現代はインターネット社会ですから、話題を拾おうとしたり、売れている本を探そうと思っても、すぐに検索で済ませることができる時代です。

しかし、実際に足で稼いだ話題は、それを相手に話す場合、ネットで検索して得た情報などとは比べようもないくらい説得力を持つものです。

「三丁目にできたイタリアンレストラン、美味しいと評判みたいですね」

と言うより、

「三丁目にできたイタリアンレストランに行ってみたんですよ。パスタはまあまあですけど、ピザが豊富なんですよ」

と言ったほうが、聞く人の興味を数倍そそります。

「どんな種類があるの？　お値段は？　店の雰囲気は？」

と会話がどんどん膨らんでいくことでしょう。

「今年もイチローはすごいですね」

とだけ語るのではなく、

「実はね、取引先の近くの高校にイチローばりの逸材がいるんですよ」

と語ったほうが、はるかに相手の興味は増すはずです。

沿線別に工夫を凝らした電車内の広告や車窓から見える看板の面白さ。ずらりと並んだビジネスや趣味に役立つ新刊。百貨店にディスプレイされたトレンド商品の数々……。行動範囲を広げ、そこで目にした、あなた発の情報を伝えてみてはいかがでしょうか。

営業で外回りをしている人やタクシーの運転手さんが意外にもの知りで、話す内容が面白いのは、仕事を通じ、いろいろな場所へ足を運んでいることと、さまざまな業種の人との出会いがあるからだと思います。豊富な一次情報が聞く人の興味を引くのです。

私の場合、記者から番組制作に仕事のウエイトが移り、外を出歩く機会が半減してしまいました。これでは接触する人が限定され、得る情報も新聞や週刊誌の受け売りになってしまいます。そこで、毎日とはいきませんが、一週間のうち数日は多角形生活を送ろうと心がけています。

○平日の例
（自宅―ラジオ局―書店―百貨店―国会取材―再びラジオ局―出版社で打合せ―自宅）
○休日の例

（自宅―市民ソフトボールリーグ試合出場―大学へ移動し講義―書店―家族と合流して
ファミリーレストラン―自宅へ戻り娘と公園）

こうすればアイデアが煮詰まってくる事態を防ぐことができます。オリジナルの話題が増えますから、番組の切り口や大学で教える内容なども、ひと味違った内容になります。

もし、あなたが事務職で、昼間のランチタイム以外は出歩けないという環境にあったとしても、始業前や退社後、週に数日でもいいですから、途中下車してぶらぶら散策するとか、車で通勤しているのであれば、少し通勤ルートを変えてみるなどして、日々の動線に変化をつけてみてはいかがでしょうか。

一気にビジネスチャンスに結び付けられるような大きな発見までは得られなくても、取引先や上司などとの会話で斬新な話題を提供することくらいは朝飯前になります。

Point

小さなネタでもフットワークで稼ごう。

10 スピーディに仕事をこなせば相手に好かれる

人に好かれる人の共通点として、「何事も早くやる」ということが挙げられます。

あなたが仮に、東京から大阪へと向かうとしたら、東海道新幹線の「のぞみ」「ひかり」「こだま」のうち、どれを選ぶでしょうか。

中には、各駅停車でのんびり行こうと「こだま」を選択する人もいるでしょう。

しかし、多くの人は「こだま」より「ひかり」、「ひかり」より「のぞみ」を選ぶはずです。事実、「のぞみ」が登場した途端、東京—大阪間でわずか十数分しか違わないのに、「ひかり」の需要は激減し、ダイヤ改正のたびに本数が減ったことはご存じのとおりです。

また、写真のDPEを思い出してください。少し以前は「四五分で仕上げます」という看板を見ると（早いな。ここに頼もう）と思ったはずです。

ところが今や、「三〇分で仕上がります」「高速！　二〇分仕上げ」などと書かれた看板を見ると、よほどの差がない限り、早いところに出そうと思うことでしょう。

つまり、早いものには需要があるということです。

あなたの職場に置き換えてみましょう。いつも仕事が遅いAさんと、他の社員の半分の時間で仕上げるBさんとでは、どちらに仕事を任せるでしょうか。私が上司なら、Aさんより仕事が速いBさんに依頼します。

こうなると、当然、社内でのBさんの評価はAさん以上に高くなります。評価が高まれば、昇進が早くなったりボーナスの査定が良くなったりします。言うなれば、スピードの速さが多くの収入を生むということになるわけです。

ここで、あなたは、（早いからといって、仕事が雑だったらどうなるの？）という疑問を持たれるかもしれません。もちろん、仕事は速いが雑というケースもなくはありません。ただ、数多くの業種の中で、とりわけスピード処理能力が問われるニュース現場に長くいる私としては、速い人ほどミスが少なく、速い人ほど質も高いと断言できます。

なぜなら、スピードが速い人は、朝、放送局の社屋に入った瞬間から、

（今日は自民党でこんな動きがあり、例の殺人事件は、警察の聴取があるんだな）

（もし、衆議院本会議が深夜に及ぶようだったら、先に代議士のインタビューを取ろう）

といった具合に、今日一日の動きやニュースの目玉になりそうな事柄が、頭の中にイン

プットされているからです。どう動けばいいのかが想定できているので、ミスが少なく質も高いのです。

コーヒーを片手に新聞を見ながら、（今日はどんな動きがあるのかな）とゆっくり考え始める記者とは大違いです。

ビジネスでは、取引先や顧客の要望をすぐに反映させるスピードが求められます。相手の疑問に可能な限り早く答える速度が必要になります。

「例の件、どうなったかね？」

と聞かれ、

「まだ、ちょっと検討できていません。いましばらくお待ちください」

これでは、相手に目をかけてもらう可能性は少なくなります。

前述した私の知人で自動車ディーラーの営業マンは、法人や個人の顧客からの電話に、

「では三分、お待ちください」

「私の一存では何とも申し上げられませんので、五分以内に折り返し電話いたします」

と、必ず「〇分で〇〇します」と答え、そのとおりに実行してきたことで売り上げが地域でトップになりました。

○何事も早くする
○口にしたことは即実行する

取引先や上司に気に入られたいなら、私はこの二つが基本線だと考えています。

スピードの速さは、相手の目に（私への配慮）と映りますし、あなたの実力の証《あかし》に見えます。そして何より、仕事をスピーディに処理する習慣が付けば、あなた自身に勢いが生まれてきます。

「運勢」という文字には、「運」の後に「勢い」という字が付きます。仕事も勢いよくこなせば、運だって転がり込んでくるかもしれません。

Point

速さは相手にもあなたにもプラスになる。

あとがき

京セラ創設者の稲盛和夫氏は、人生の成功や仕事のうえでの成功を次のような方程式で表現しています。

○人生の成功・仕事の成功＝能力×熱意×考え方

この方程式を見れば、ある程度、「能力」があることも必要ですが、「熱意」や「考え方」が表に出ないと、頭の中でいくら夢を描き、高い目標を掲げていても達成できないことがおわかりいただけるのではないでしょうか。

掛け算である以上、「能力」「熱意」「考え方」のどれかがゼロだと、成功もゼロになってしまいます。

繰り返すまでもなく、この三つのうちの「熱意」と「考え方」は、話し方一つで、どうにでも相手に伝わるものです。また「能力」も、いくら内面で培っていても、相手や周囲に見せられなければ「ない」のと同じになってしまいます。

あなたの人生を好転させられるかどうかは、内面を磨くことや新しいスキルを身につけること以上に、話し方にかかっているとあらためて申し上げておきたいと思います。

話し方が変われば、あなたに興味を持つ人たちが自然に集まってきます。人脈も増えてきます。

仕事上の人脈、仕事以外の人脈、それぞれが、あなたの人生をより豊かなものに変えてくれるはずです。

今の世の中は、インターネットや携帯メールだけで用が足りてしまうこともある時代です。しかし、私の経験では、バーチャルな世界からは人の輪は生まれません。実際に「人に会う」「人と話す」ことが、つながりを生んでいくのです。

話し方を変えるのに時間は要りません。コストもかかりません。本書を一つのヒントに、あなたの「熱意」と「考え方」を表に出して、目の前にいる相手の心をつかんでいただきたいと思います。

清水　克彦

【著者紹介】

清水　克彦（しみず・かつひこ）

◉—— 1962年愛媛県生まれ。文化放送プロデューサー／江戸川大学メディアコミュニケーション学部講師。

◉—— 早稲田大学教育学部卒業後、文化放送入社。主に政治・外信担当記者として、ベルリンの壁崩壊や湾岸戦争、米大統領選や9.11テロなどを取材。米日財団とジャパンソサエティが主催するメディアフェロー日本代表に選ばれ、ディベート研究のため米国留学。

◉—— 帰国後、NRN系全国ネットラジオニュース番組『ニュースパレード』キャスターや国会・総理官邸担当キャップなどを歴任。

◉—— 現在は、文化放送のニュース情報ワイド番組『寺島尚正ラジオパンチ！』プロデューサーや南海放送『木藤たかおの日曜Press-Club』コメンテーターを務めるかたわら、大学で学生の思考力や表現力の育成にも力を注いでいる。

◉—— 主な著書に、話題作となった『ラジオ記者、走る』（新潮新書）のほか、『父親力で子どもを伸ばせ！』（寺子屋新書）、『わが子を有名中学に入れる法』（PHP新書）、『人生、勝負は40歳から！』（ソフトバンク新書）などがある。

出会《であ》って１分《ぷん》で相手《あいて》の心《こころ》をつかみなさい　〈検印廃止〉

2007年3月5日　第1刷発行

著　者 —— 清水　克彦©
発行者 —— 境　健一郎
発行所 —— 株式会社かんき出版

東京都千代田区麹町4-1-4　西脇ビル　〒102-0083
電話　営業部：03(3262)8011㈹　総務部：03(3262)8015㈹
編集部：03(3262)8012㈹　教育事業部：03(3262)8014㈹
FAX　03(3234)4421　振替 00100 - 2 - 62304
http://www.kankidirect.com/

印刷所 —— ベクトル印刷株式会社

ISBN978-4-7612-6414-7 C0034